톡톡 요한계시록 1

ᄀ

글과길

톡톡 요한계시록 1

극동방송과 함께한 요한계시록

Talk & Talk Revelation

박윤성 저

발행일   2021년 3월 19일
펴낸곳   글과길
        등록 제2020-000078호[2020.5.29]
        서울특별시 송파구 삼학사로 19길5 3층 [삼전동]
        wordroad29@naver.com
편집   이영철 ibs5@naver.com
디자인   디자인소리 ok@dsori.com
공급처   하늘유통
        경기도 파주시 광탄면 분수리 350-3
        전화 031-947-7777
        팩스 0505-365-0691

ISBN 979-11-973863-1-2 03230
가격 14,000원

톡톡 요한계시록 1
극동방송과 함께한 요한계시록

Talk & Talk Revelation

수 년 전에 그동안 출판된 설교집들을 모아서 목회자들이 어떤 성경 본문을 가지고 설교했는지를 연구해본 적이 있습니다. 그런데 참으로 놀라운 것은 대부분의 설교자가 같은 본문을 사용하고 있었다는 사실입니다. 다시 말하면 성경 66권의 말씀을 골고루 사용한 것이 아니라 이미 다른 사람이 설교한 본문을 가지고 비슷한 설교를 하고 있다는 것입니다.

실제로 강단에서 사용되는 있는 성경 본문은 성경 66권 중 극히 적은 부분에 불과합니다. 그중에서도 요한계시록의 본문을 설교한 것은 더욱 더 적습니다. 그만큼 요한계시록의 말씀은 자신 있게 해석하기가 어렵기 때문입니다. 그런데 박윤성 목사가 쓴 『톡톡 요한계시록』은 성경이 기록된 본래의 목적과 의도대로 제대로 해석하고 잘 설명하고 있습니다. 그러므로 이 책을 가지고 성경공부를 한다면 누구든지 쉽게 이해할 수 있으리라 생각됩니다.

박윤성 목사가 미국 풀러 신학교에서 목회학 박사 학위를 받고 한국에 돌아와 수영로교회의 강단에서 큰 은혜를 끼쳤습니다. 이번에 이 책이 출간됨으로써 한국교회의 강단이 더욱 풍성해지리라 믿습니다. 이 책이 교역자들은 물론 모든 평신도에게까지 읽혀지기를 진심으로 원합니다.

정필도 목사(수영로교회 원로)

코로나19로 인해 교회가 지탄을 받았다. 주로 교회보다는 이단과 이단성이 있는 단체 때문이었다. 이럴 때 신앙의 길라잡이가 중요하다. 그 길라잡이가 될 만한 책이 출간되어 무척 반갑다. 그 책이 박윤성 목사의 『톡톡 요한계시록』이다. 이 책은 요한계시록을 바르게 해석해 그리스도인에게 신앙생활의 틀을 잡아준다.

이단과 이단성이 있는 단체의 교리는 요한계시록을 자기 소견대로 풀어낸 결과다. 요한계시록은 자기 소견이 아니라 '복음'안에서 풀어내야 한다. 박윤성 목사는 요한계시록을 자기 소견이 아니라 하나님의 '복음'으로 풀어낸다. 만약 요한계시록을 제대로 알고 싶다면 이 책 하나로 해결이 가능하다고 확신한다. 이 책은 하나님의 '복음'을 만나게 해주기 때문이다.

이단은 자기들 안에 '복음'이 있다고 한다. 그들이 말하는 복음은 하나님의 복음이 아니라 자기 복음이다. 그 이유는 교주의 입맛에 맞게 왜곡했기 때문이다. 그 안에 복음이 있다면 이상한 행동이나 이상한 주장을 결코 펼치지 않는다. 특히 복음으로 무장되어 있다면 '헛소리'를 하지 않는다. 성경을 제대로 모르기에 소위 '헛발질', '헛소리', '개소리'를 한다.

요한계시록의 해석에 '헛소리'가 난무하는 때에 진리의 소리가 필요하다. 이 책에는 진리의 소리가 고스란히 들어가 있다.

신앙생활은 시작도 중요하다. 더 중요한 것은 마침표를 어떻게 찍느냐다. 이단들은 마침표를 잘못 찍은 것이다. 사람들이 하나님의 진리를 거짓 것으로 바꾸기(롬 1:25) 때문이다.

코로나19로 바른 신앙이 더 중요해졌다. 바른 신앙으로 하나님께 맞춤으로 마침표를 잘 찍어야 한다. 요한계시록을 통해 바른 신앙과 교리를 찾고자 한다면 이 책을 적극 추천한다.

김도인 목사(아트설교연구원 대표, 『설교는 글쓰기다』, 『언택트와 교회』의 저자)

할렐루야!

『톡톡 요한계시록』 출간을 진심으로 축하드립니다.

박윤성 목사님은 2019년 봄부터 전북극동방송(당시 대전극동방송 익산본부) 방송설교 시 요한계시록 강해를 진행하며 청취자들에게 많은 은혜를 끼쳤습니다.

요한계시록을 '복음'이라는 시각으로 바라본 이 책을 통해 하나님께서 허락하신 구원의 은혜를 묵상하고 복음 전파자의 사명을 재다짐하게 됩니다.

방송을 통해 청취자 분들에게 전해졌던 은혜와 감동이 이 책을 읽는 모든 분에게도 동일하게 전달되기를 주님의 이름으로 축원합니다.

김장환 목사(극동방송 이사장)

가장 탁월한 교사는 어려운 내용을 쉽게 풀어 전달하는 분입니다. 그런 점에서 어려운 요한계시록을 쉽게 풀어서 전달해주시는 박윤성 목사님은 탁월한 성경 교사입니다. 이 책을 통해서 어렵게만 느껴지던 요한계시록을 쉽게 이해하게 되실 것입니다. 그러나 쉽다는 것이 깊이가 없다는 것은 아닙니다. 박 목사님이 미국 풀러 신학교의 목회학 박사 과정부터 연구하셨기에 그 깊이가 매우 깊습니다. 참고문헌만 보아도 책의 무게가 느껴집니다.

그런데 그렇게 깊이 있고 무게 있는 글을 교회의 강단을 통해서 성도님들이 이해할 수 있는 언어로 바꾸었고, 더구나 극동방송을 통해 방송하면서 한 번 더 쉽게 읽을 수 있는 책으로 업그레이드 하였습니다. 그래서 이 책은 요한계시록의 깊이와 더불어, 현장 목회자의 쉬운 언어로 정리된 아주 좋은 요한계시록 강해서입니다. 또한 방송 진행자와 대화를 하면서 글이 구성되었기에 마치 방송을 듣는 것처럼 생생하게 들리는 설교문입니다. 요한계시록을 알고 싶은 분들은 이 책을 꼭 읽으셔야 합니다.

또한 이 책은 이단이 가장 많이 사용하는 요한계시록을 강해하면서, 이단을 식별하게 해줍니다. 이단이 잘못 해석하고 있는 부분을 명확하게 밝혀줍니다. 그런 점에서 이 책은 요한계시록 유형 이단 식별 리트머스 시험지와 같습니다. 또한 이 책은 요한계시록 유형의 이단 바이러스를 물리치는 백신이 될 것이며, 이미 감염된 사람들에게는 치료제가 될 것입니다.

또한 이 책은 요한계시록의 요리문답(要理問答, Catechism)이라고도 생각이 됩니다. 물론 요리문답은 조직신학적인 것이지만, 이 책은 질문과 대답으로 이루어져서 요한계시록에 대한 성경신학적 요리문답과도 같다고 느껴집니다. 긴 서술로만 기록된 책은 지루할 수 있지만, 질문과 대답으로 구성되어서 지루하지 않습니다. 한국교회에 좋은 목회의 모델이 되시는 박 목사님께서 쓰신 책이어서 더욱 기쁩니다. 많은 한국교회 목회자들과 성도들이 이 책을 꼭 읽어 보시길 바랍니다.

박성규 목사(부전교회)

박윤성 목사님은 말씀을 사랑하고 기도로 교회를 세우며 어려운 지역 교회를 돕는 일에 앞장서는 목회자입니다. 총회 교회자립위원회를 목사님과 섬겼는데 형제 교회를 향한 목사님의 사랑이 여러 동역자들에게 참으로 귀감이 되었습니다. 박 목사님은 성도의 영혼을 건강하게 하고 예수님을 닮아가도록 하는 일에 진력하는 목양 일념의 목회자입니다. 이번에 목양의 간절한 마음으로 평신도의 눈높이에 맞춰서 요한계시록을 영감 있게 풀어 쓴 『톡톡 요한계시록』을 출간하게 되어 기쁩니다.

책의 지면마다 독자의 심령이 말씀의 꼴로 가득 채워지도록 친절하고 깊이 있게 인도하고 있습니다. 이 책을 읽는 모든 이들이 하늘의 비밀인 요한계시록에 대한 바른 이해를 가지고, 날마다 사모하는 예수님을 오매불망 소망하며, 위로부터 임하는 은혜의 풍성함으로 힘 있게 살아가기를 바랍니다.

오정현목사(사랑의 교회)

박윤성 목사님은 성경 신학을 전공하였고 목회를 성실히 잘 감당하는 귀한 분입니다. 박목사님은 코로나 19로 극심한 고난의 시기를 살아가는 현대의 성도들에게 꼭 필요한 책인 요한계시록을 잘 가르쳐 주기 위해 극동방송에서 강의하였고, 그 내용을 책으로 엮었습니다. 방송 담당 PD와의 대화를 통해 매 강의를 자연스럽고 부담 없이 쉽게 이끌어 갑니다.

저자는 요한계시록을 '복음'이라는 시각으로 바라봅니다. 복음은 예수 그리스도를 통해 하나님이 이루시는 완전한 회복을 가져오는 복된 소식입니다. 저자에게 요한계시록은 복음의 책이며, 또한 선교의 책입니다. 성경 전체를 이해하는 기본 틀은 하나님의 창조와 인류의 타락 그리고 하나님의 구속입니다. 어린양 예수 그리스도께서 십자가를 지심으로 구원의 역사를 성취하셨듯이, 그의 몸인 교회도 사랑과 섬김과 희생으로 살아갈 때 이 땅에 온전한 하나님의 나라가 완성되는 것입니다. 성경이 전체적으로 계시의 완성을 향해 나아간다면, 당연히 요한계시록은 계시의 최종단계, 즉 계시의 완성이며, 모든 나라 민족의 구속의 완성이며, 나아가 모든 피조물의 구원, 즉 재창조의 완성입니다.

한국교회의 어려움 중 하나는 종말론에 대한 오해입니다. 특히 요한계시록을 너무 문자적으로 또는 신비로운 예언서 정도로 이해하기에 해석의 어려움이 있습니다. 여러 이단의 잘못된 계시록 해석으로 인해 지금도 많은 성도들이 피해를 입고 있습니다. 성도들은 종말에 대하여 자연현상보다 영적 현상에 더 주의해야 합니다. 주님이 마지막 시대에 거짓 선지자들과 적그리스도의 미혹을 강력하게 경계하신 이유입니다.

저자는 성경의 전체적인 시각과 구속사의 과정 속에서 계시록을 바로 이해하도록 돕습니다. 그리고 요한계시록에서 확실하게 드러난 삼위일체 하나님을 온전히 바라보게 합니다. 특히 구원의 중심이신 어린 양 예수 그리스도에게 집중합니다. 고난의 현장에 찾아오신 예수 그리스도, 모든 교회와 구원역사의 주인이신 예수 그리스도가 요한계시록의 중심임을 저자는 분명하게 밝혀 줍니다.

바라건대, 박 목사님의 정리된 강의를 통해서 많은 교회와 평신도들에게 요한계시록 해석의 문이 더 확실하게 열리기를 기대합니다. 나아가 살아계신 주님을 인격적으로 만나고, 그 주님을 향한 뜨거운 사랑과 열정과 헌신도 온전히 회복될 것을 기대하며 기쁘게 이 책을 추천합니다.

이상복 목사(예장 합동 총회 교회자립개발원 이사장, 광주동명교회)

이책은 독자가 찾고 있던 혹은 미처 몰랐던 의미들을 쉽고도 유익하게 풀어낸다. 요한계시록을 재미있게 쓰기가 쉽지 않은데 이 책은 매력적인 문장으로 독자를 사로잡는다. 아마도 저자가 오랫동안 요한계시록을 공부했기 때문에 가능할 것이다. 성경을 똑같이 읽어도 제대로 공부한 사람과 공부하지 않은 사람의 차이는 다르다. 이 책은 세상에 진리를 전하고 성도들을 말씀으로 양육하는 삶을 살아온 지혜가 돋보인다. 시대는 바뀌어도 신앙의 본질은 바뀌지 않는다. 이 책을 통해 나는 1세기 요한계시록 독자들이 느꼈을 순수한 열정과 신앙의 지혜를 찾았다.

이정일 작가(『문학은 어떻게 신앙을 더 깊게 만드는가』 저자)

이미 극동방송을 통해 많은 성도들에게 유익을 끼친 박윤성 목사의 요한계시록 강해가 출간됨을 축하드립니다. 저자는 본문을 초기 교회의 역사적 상황을 배경으로 잘 설명하면서도, 건전한 신학을 바탕으로 오늘날의 성도들이 붙들어야 할 핵심적인 메시지를 명확히 제시하고 있습니다. 특히, 대화의 형식으로 풀어가며 함께 이야기해볼 수 있도록 구성한 점은 목회자의 따뜻한 배려라고 생각합니다. 이 책이 요한계시록에 대한 이단적인 거짓 가르침에 빠지지 않도록 주의 양 무리를 바로 인도하는데 귀히 쓰일 것을 믿으며 기쁜 마음으로 추천합니다.

채영삼 교수(백석대학교, 신약학)

"덮어둔 책은 나무토막에 지나지 않는다"라는 프랑스 속담이 있습니다. 사도 요한은 닫혀 있던 두루마리를 보고 울었습니다. 그 책의 내용은 무엇이었을까요? 그 책, 작은 두루마리, 요한계시록의 핵심적 내용은 "복음"입니다.

요한계시록을 연구하게 된 동기는 미국 풀러 신학교 목회학박사 과정에서 김세윤 박사님의 권유 때문이었습니다. 요한계시록에 대한 올바른 신학적 접근 없이 하나의 신비로운 예언서로 보고, 그것에서 종말에 대한 정교한 시나리오를 얻으려는 사람들이 있습니다. 요한계시록이 사용하는 묵시 문학적 숙어에 대해 제대로 이해하지 못하여 환상들과 많은 그림 언어들을 단지 문자적으로 해석하는 오류를 범하기도 합니다. 특히 사회에 어려운 일이 생기면(중동에서의 전쟁, 코로나 19...) 종말론을 강해한다고 광고하는 것을 자주 볼 수 있습니다. 얼마나 많은 성도가 잘못된 성경 해석으로 어려움을 당하는지 모르겠습니다. 그릇된 종말론으로 패가 망신에 이르기도 합니다.

그러나 요한계시록은 복음의 책이요 선교의 책입니다. 요한계시록은 예수 그리스도의 죽음과 부활, 그리고 그를 따르는 교회의 순교 이야기로 가득 차 있습니다. 요한계시록은 복음의 정신으로 복음을 전할 때 하나님 나라가 완성됨을 강력하게 보여주는 책입니다. 주님처럼, 주님을 닮은 교회가 사랑하고 희생하면 많은 사람이 주께로 돌아오게 되는 것을 보여주는 복음의 책이 바로 요한계시록입니다.

이 책은 2002년에 출간된 본인의 책 『요한계시록 어떻게 가르칠까』 (기독신문 출판부)을 근간으로 2019년 봄부터 가을까지 극동방송에서 강의한 내용을 녹취하여 정리한 것입니다. 방송으로 송출된 것이므로 내용의 자세한 부분을 생략하기도 했습니다. 방송을 할 수 있도록 배려해 주신 극동방송에 감사를 드립니다. 함께 방송을 진행한 극동방송 강주연 PD에게 감사드립니다. 강 PD가 젊은 세대답게 "요~복음"이라고 프로그램 이름을 잘 지어 주었습니다. 강 PD와 함께 진행한 것이 저에게는 큰 기쁨이었습니다.

요한계시록에 대해 관심을 갖고 연구할 수 있도록 눈을 열어주신 김세윤 교수님께 진심으로 감사를 드립니다. 부산 수영로교회 원로목사이신 정필도 목사님께도 깊은 감사를 드립니다. 정 목사님께서는 제게 목회자의 기본기와 목회의 본질을 가르쳐 주셨습니다. 지금도 한 사람의 목회자로서 목사님의 가르침을 되새겨보곤 합니다. 부족한 사람을 지지해주고 기도해 주시는 익산 기쁨의 교회 성도님들께도 깊은 감사를 드립니다. 이분들은 16년 동안 함께 하나님 말씀으로 웃고 울었던 신앙의 좋은 동역자들이십니다. 결혼한 지 26년째 한결같이 사랑과 기도로 동역하는 아내와 세 자녀 종민, 윤진, 종현에게 사랑과 감사를 보냅니다.

이 시대에 영성과 지성을 겸비한 목회자로 살아가기를 꿈꾸며 늘 새벽을 깨우는 목회자가 되기를 기도합니다. 변화는 나로부터 시작되어야 함을 깨달으며 오늘도 말씀 앞에 주님 앞에 앉기를 소망합니다. 세상과 소통하기를 원하며 오늘도 책 앞에 앉아 있어 봅니다.

2021년 2월 14일
저자 박윤성 목사

차 례

요한계시록 개관

| 1장 | 서론 | 발신자, 수신자, 문안 인사 |

| 2~3장 | 일곱 교회에 주시는 말씀 | 요한계시록 전체의 서론 |

| | 패턴 | 인자 같으신 이의 모습, 칭찬, 책망, 회개하라, 이기는 자에게 주시는 상급 |

| 4장 | 하늘 보좌에 앉으신 하나님 | 예배의 대상, 진정한 통치자 |

| 5장 | 어린양 예수 그리스도 | 유대 지파의 사자, 죽임 당한 어린양 |

세 연속적인 심판들의 구조

성전(Holy War)
교회의 순교
보좌 앞에서의 구원

인봉들 6:1 ~ 17 (7장삽입) 8:1 ~ 3

1 2 3 4 5 6   7
땅의 1/4 멸망(6:8)

성전
교회의 순교
보좌 앞에서의 구원

나팔들 8:1 ~ 9:13(10:1~11:13 삽입) 11:15~19(하늘열림-성전)-11장

1 2 3 4 5 6   7
땅의 1/3 멸망(8:7~12; 9:18)

Program Satement

12~15장 교회의 증언 투쟁

대접들 15:1~16:1 -- 16:17~21 -- 22장   최후의 심판 결과

15:5~8 (하늘열림-성전)

1 2 3 4 5 6 7
총체적 심판

11장: Program Statement

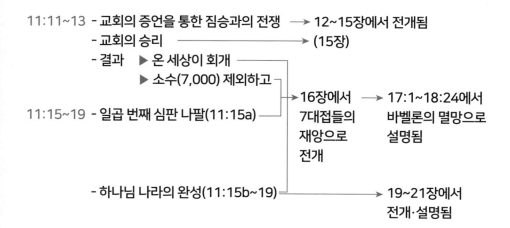

11:11~13 - 교회의 증언을 통한 짐승과의 전쟁 → 12~15장에서 전개됨
- 교회의 승리 ─────────→ (15장)
- 결과 ▶ 온 세상이 회개
▶ 소수(7,000) 제외하고

11:15~19 - 일곱 번째 심판 나팔(11:15a)

16장에서
7대접들의
재앙으로
전개

→ 17:1~18:24에서
바벨론의 멸망으로
설명됨

- 하나님 나라의 완성(11:15b~19)

→ 19~21장에서
전개·설명됨

톡톡 요한계시록 1

극동방송과 함께한 요한계시록

01 서론: 전체를 개관하기

진행자 오늘부터 박윤성 목사님과 함께 요한계시록을 공부하려고 합니다. 요즈음 계시록에 대한 잘못된 해석과 이해로 교회가 어려움을 겪고 있습니다. 특히 우리 성도들을 미혹하는 이단들이 계시록을 아전인수 격으로 해석하는 경우가 많이 있습니다. 그래서 전북 극동방송에서는 기쁨의 교회 박윤성 목사님을 모시고 '요한계시록 바르게 알기 프로젝트'를 시작합니다. 앞으로 이 시간을 통해 요한계시록에 담긴 복음의 이야기를 살펴볼 것입니다. 박 목사님은 요한계시록을 '복음의 책'이라고 강조하십니다. 그래서 프로그램 이름을 '요~복음!'이라고 정해 보았습니다. 그럼 박 목사님과 함께 요한계시록에 담긴 복음의 이야기를 들어보시겠습니다. 목사님, 요한계시록을 왜 공부해야 할까요?

박윤성 목사 요즘 요한계시록이 핫한 이슈가 됐지요. 요한계시록은 어려운 책이기 때문에 지금까지 공부도 많이 하지 않았고 설교도 많이 듣지 못했던 책입니다. 요한계시록은 왜 어려울까요? 요한계시록이 쓰인 연대가 AD 97년경인데, 이때 로마제국의 심각한 핍박이 있었고 그 이후로도 핍박이 예상되던 때였습니다. 그러다 보니 예수님을 믿는 그리스도인들이 고난을 많이 당하고 있었습니다. 그래서 묵시문학이라는 형태로 이 글을 써서 전달하게 된 것이죠. 묵시문학이어서 어려웠다는 점과 더불어 계시록에는 또 다른 특징이 있습니다. 서신서의 특징과 예언서의 특징도 함께 담겨 있습니다. 그러다 보니 계시록이 어렵습니다.

묵시문학이라는 것은 고난 속에 있는 그리스도인들에게 하나님의 말씀이 주어져서 고난과 역경을 믿음으로 승리할 수 있도록 격려하시는 말씀입니다. 엄청 귀한 말씀인데, 묵시문학이라는 껍질, 장르 속에 있기 때문에 어려운 것입니다. 또 계시록은 서신서의 특징도 있습니다. 소아시아에 있는 일곱 교회, 많이 들어보셨죠? 에베소, 서머나, 버가모, 두아디라, 사데, 빌라델비아, 라오디게아 이렇게 일곱 교회에 보내진 편지입니다. 이는 회람 서신입니다. 당시 우편물의 전달 순서대로 일곱 교회가 등장하고 있습니다. 세 번째는 예언서의 특징이 있는데 앞으로 될 일에 대한 경계와 믿음을 공고히 해 주기 위한 예언서로서의 특징이 있습니다.

이렇게 복잡한 장르와 구조를 가지고 있기 때문에 계시록은 많이 읽히지도 않았고, 설교되지도 않았던 책입니다. 그런데 최근 들어

계시록에 관심을 가지게 된 이유가 생겼는데, 그것은 아이러니컬하게도 이단들 때문입니다. 한국에서 이단들이 발흥하면서 성경을, 특별히 요한계시록을 자기 멋대로 해석해서 자기 목적에 부합하게 왜곡해 버린 것이죠. 성경을 볼 때 제일 중요한 것은 전체 흐름, 신구약의 하나님의 목적과 흐름, 전후 문맥을 잘 봐야 합니다. 이것이 성경해석의 기본 원칙이죠. 그런데 이단들은 이것을 무시해 버립니다. 자기들이 원하는 말씀만 쏙 빼내서 새로운 조합을 만들어내는 것이지요. 이것이 이단들의 오류입니다.

진행자 편집하고 짜깁기해서 새로운 이야기를 쓴 것이란 말씀이지요?

박윤성 목사 네, 그렇죠. 성경은 성경인데, 짜깁기를 해서 자기 목적에 맞는 것들로 만들어 낸 것이죠. 그러다 보니까 이단 교주가 보혜사가 되고, 재림예수도 되고, 심지어 하나님도 되는 이상한 모양새가 되어 버린 겁니다. 예를 들면 성경에 보면 "하나님은 없다"라는 구절이 있어요. 이것만 잘라 놓고 보면 '하나님은 없네!'라고 생각하게 되지만, 그러나 그게 아니죠. 앞의 단어, 앞뒤 문맥을 주의 깊게 봐야 하죠. 전체 문장은 "어리석은 자는 그 마음에 이르기를 하나님은 없다 하는도다"이지요.

진행자 그렇지요. 앞뒤 문맥을 보면 그런 경우는 이럴 수밖에 없다고 설명을 은유적으로 하는데, 일부분만 떼어놓고 하나님이 없다고 한다면 굉장히 당황스러울 것 같습니다.

박윤성 목사 그렇습니다. 이단들이 이런 오류를 범하고 있는 것입니다. 자기들의 구미에 맞는 것만 추출해서 새로운 조합을 만들어내고, 그것으로 자기 교리를 만드는 것입니다. 이것을 공부하는 미혹된 성도들은 거기에 진리와 복음이 있다고 빠지는 경우가 상당히 있습니다. 그래서 이런 이단들의 공격 때문에 기존 교회 목사님들이 각성하게 된 것입니다. 이런 도전에 응전하는 마음으로 요한계시록을 공부하고 설교하게 되었습니다. 도전이 있었기에 응전이 나오지 않았나 생각합니다.

그래서 우리가 요한계시록을 제대로 공부하기를 원합니다. 요한계시록을 제대로 공부하면 요한계시록 안에 담긴 복음이 무엇인지를 발견하게 될 것입니다. 그러면 놀라운 그리스도의 복음이 교회를 통해 세상에 전파되고 하나님의 나라가 이루어지는 놀라운 역사를 경험하게 될 것입니다.

진행자 저희 방송국에 "기도해 드립니다"라는 노방전도 시간이 있는데요. 최근에 만나 뵀던 분이 이단 종교에 열심이신 분인데, "참된 목자를 만났다. 그렇기 때문에 다니던 교회를 떠나서 새롭게 그곳에 갔다."라고 말씀하시면서 계속 이 얘길 하시는 거예요. "그곳에서 우리가 교회에서 배우지 못한 것을 알려줬다."라고요. 하지만 어떻게 보면 목사님 말씀대로 본인들의 입맛에 맞춰진 짜깁기된 맞춤 성경, 맞춤 말씀을 가지고 이것을 진리라고 말하는 것이 과연 옳은지 모르겠습니다. 주변에 미혹되신 분들, 요한계시록에 복음이 담겨 있다고 하니까 어떤 내용이 있는지 차차 공부해 나가면 좋겠습니다. 그러면 목사님, 저희가 요한계시록을 어떻게 공부하면 좋을까요?

박윤성 목사 네, 좋은 질문이신데요. 요한계시록을 공부할 때는 구약도 살펴봐야 하고 신약도 함께 살펴봐야 합니다. 신구약의 흐름 속에서 어떻게 계시록을 해석할 수 있는지를 봐야 하는 거죠. 성경에는 큰 흐름이 있습니다. 큰 주제가 있는데, 구약에서는 **'하나님의 언약'**이 중요한 핵심입니다. 하나님의 언약이 어떻게 성취될 것인가? 구약, 신약, 그리스도 안에서 성취된 하나님의 언약이라고 말할 수 있죠. 신약의 주제는 **'하나님의 나라'**라고 이야기합니다. 모든 신약 학자들이 공통적으로 신약의 주제는 '하나님의 나라'라고 말합니다. 그러므로 신, 구약은 하나님의 언약에 의해서 하나님의 나라가 회복되고 완성되는 것이 큰 주제라고 볼 수 있습니다.

성경에 전체적으로 흐르고 있는 메가 내러티브가 있는데요. 큰 흐름의 중요한 주제는 **창조, 타락, 구속**입니다. 인간의 타락을 하나님이 회복시키기 위해서 구원의 은총을 주셨습니다. 그 속에 하나님의 놀라운 계획이 펼쳐지는 큰 그림 속에서 봐야 합니다. 우리가 산을 제대로 보려면 숲을 보고 난 다음에 나무를 봐야 하지 않습니까? 계시록도 이런 큰 흐름을 가지고 봐야 합니다. 계시록을 왜 복음이라고 하느냐면, 신약의 통일성 때문에 그렇습니다. 저자 되신 하나님 성령께서 한 가지 주제를 가지고 끌고 나가신다는 거예요.

복음서를 면면히 살펴보면 그 안에 예수 그리스도의 복음이 들어 있습니다. 우리가 잘 아는 4복음서 어떻습니까? 예수 그리스도가 누구이시며, 그는 무슨 일을 하셨고 어떤 말씀을 하셨는지에 대한 내용이 나와 있죠. 예수님의 삶과 죽음과 부활, 그것이 바로 복음이죠. 복음이란 무엇입니까? 복음이란 두 가지로 요약할 수 있습니다. 첫째로, 예수 그리스도가 누구시냐? 하나님의 아들 독생자 예수 그리스도이십니다. 둘째로, 그분이 하신 일이 무엇이냐? 십자가를 지셨죠. 그리고 부활하심으로 우리를 구원하셨습니다. 이와 같이 예수 그리스도와, 그분이 하신 일을 복음이라고 이야기합니다.

사도행전은 어떤가요? 사도행전은 이 그리스도의 복음을 제자들이, 그리고 사도들이 온 세상에 나아가서 외치는 것이죠. 십자가와 부활을 외쳤고, 부활하신 주님이 우리 주와 하나님이 되셨다고 선포했어요. 이것을 사도행전의 복음이라고 하는 겁니다. 또 바울 서신 13권이 있죠? 바울 사도도 같은 이야기를 합니다. 예수 그리스도의 복음을 듣고 그 복음으로 어떻게 살아가야 하느냐? 복음의 덕을 입고 살아가는 삶에 관해서 이야기를 합니다. 그다음에 나오는 책들을 공동서신이라고 합니다. 히브리서, 야고보서, 베드로전후서, 요한 1,2,3서, 유다서, 이런 공동서신도 보면, 예수 그리스도의 복음을 세상 속에서 어떻게 선포하고 살아가야 할지를 이야기하고 있습니다.

진행자 정말 흐름이 이어지는 것 같아요.

박윤성 목사 네, 모든 성경이 다 복음을 이야기하죠. 그러면 남은 책이 뭡니까? 요한계시록이죠. 요한계시록을 그동안엔 어려운 책이라고 생각하기도 하고 이상한 해석을 많이 했는데, 신약의 통일성이란 측면에서 계시록도 연구해 보니 그 안에 복음이 담겨 있더란 겁니다. 특별히 어린 양 예수 그리스도에 대한 이야기가 많이 나오죠. 죽임 당한 어린 양, 그리고 부활하신 어린 양이 나옵니다.

그런데 더 놀라운 것은 계시록에서는 어린 양 예수 그리스도를 닮은 교회 이야기가 나와요. 교회가 144,000명으로 나오는데, 이것도 문자적으로 풀면 문제가 되죠. 144,000명은 전체 교회를 이야기하는 겁니다. 특히 교회가 순교자의 무리로 등장합니다. **어린 양을 닮은 교회가 사랑과 섬김과 희생의 삶을 살면 하나님의 나라가 완성되고 이루어지게 될** 것입니다. 이것이 **계시록의 핵심**이라고 볼 수 있습니다.

그러므로 요한계시록도 복음의 책입니다. 교회의 역할, 선교, 복음 전함이 계시록의 핵심적 내용이라고 할 수 있습니다.

진행자 네, 이렇게 해서 요한계시록을 어떻게 봐야 할지, 또 왜 봐야 할지 간단하게 설명해 주셨는데요. 그러면 이제 요한계시록을 소개해 주시면 좋겠는데, 목사님 전공이 요한계시록이라고 하니 더 잘 이해가 될 것 같습니다. 요한계시록에 대한 개괄적인 설명을 해 주신다면, 이 책을 어떻게 보면 좋을까요?

박윤성 목사 네, 요한계시록은 위대한 하나님의 복음이 들어있는 책입니다. 그 안에 삼위일체 하나님이 다 있습니다. 구약에서는 아버지 하나님만 잘 알고 믿고 있었습니다. 그런데 초대교회는 성자 예수 그리스도를 믿게 됩니다. 그리고 성령을 받게 되지요. 성부, 성자, 성령 하나님을 믿게 된 초대교회는 하나님에 대하여 분명한 지식을 갖게 됩니다. 하나님은 삼위일체이십니다. 이를 확실히 드러내고 증명하는 것이 계시록입니다.

계시록에 나타난 중요한 장들, 핵심 장들을 살펴보면 어떻게 해석해야 할지 방법이 나오게 되죠. 계시록에 여러 가지 환난, 징계, 대적, 심판, 나팔 심판, 이런 것들이 많이 나오는데 사실 이러한 재앙들이 나오는 곳은 핵심 장이 아닙니다. 우리의 관심이 거기에 있다 보니 계시록을 오해하는 경우가 생겼습니다. 계시록의 중요한 장은 **4장, 5장, 7장, 10장, 11장**입니다. 이 핵심 장들을 잘 붙잡아야 하는데 특히 4장이 참 중요합니다.

4장에는 보좌 환상이 등장합니다. 보좌 환상은 하나님 아버지가 앉아계신 보좌가 등장하는 환상입니다. 하나님에 대한 명칭들이 많이 나오는데 '알파와 오메가', '전에도 계셨고 이제도 계셨고 장차 오실 이', '전능하신 주 하나님', '보좌에 앉으신 이', 이런 여러 표현들이 많이 나옵니다. 4장에 나온 하나님의 보좌가 왜 중요하냐면, 보좌는 예배를 받는 장소이기 때문입니다. 그리고 통치하는 장소가 이 보좌입니다. 그래서 계시록 4장에는 하나님을 예배하는 예배의 자리가 나오며, 그분이 통치하는 통치의 보좌가 나오는 것입니다.

당시 로마의 핍박으로 로마의 황제를 숭배하는 일들이 많이 있었는데, 진짜 예배를 받으실 분은 하나님이시라는 것을 보여주는 것이 4장입니다. 그리고 통치하는 장소가 바로 이 보좌입니다. 당시에 로마 황제가 통치하는 것, 지금으로 말하면 전 세계의 패권을 잡은 대통령이 통치하는 것이 중요한 것이 아니라는 것입니다. 우리 눈을 하늘로 떠서 지금도 하늘에서 세계와 우리를 통치하고 계시는 하나님을 바라보아야 합니다. 이것이 4장의 중요한 내용이 되겠습니다. 그래서 4장의 보좌의 환상을 잘 이해하는 것이 중요한 키포인트 중의 하나입니다.

그리고 5장이죠. 핵심 장 중의 하나가 5장인데, 5장은 보좌에 앉으신 어린 양이 등장합니다. 왜 어린 양이라고 했을까요?

진행자 희생당하신 예수님 자신을 말씀하시는 거죠.

박윤성 목사 그렇죠. 구약에는 유월절에 어린 양을 잡아서 희생 제사를 드렸습니다. 예수님께서도 유월절 어린 양으로 와서 유월절 어린 양 잡는 그 시간에 죽으셨습니다.

<u>진행자</u> 어떤 의미가 담겨있나요?

박윤성 목사 요한복음에 보면 예수님이 돌아가시는 때를 유월절 양 잡는 때라고 말합니다. 어린 양으로 나오신 이유는 예수님이 바로 모든 구약의 희생 제사를 완성하신 어린 양이라는 것을 보여줍니다. 예수님에 대한 명칭도 여러 가지가 나오죠. '처음과 나중'이요, '알파와 오메가'…. 5장에서 어린 양이 4장의 하나님과 마찬가지로 예배의 중심이 됩니다. 경배를 받으시는 어린 양으로 등장합니다. 그래서 4장과 5장을 핵심 장으로 봐야 해요.

  그다음엔 7장인데, 이 7장이 또한 중요합니다. 왜냐하면, 어린 양 예수 그리스도를 따르는 그의 교회가 144,000명으로 나오기 때문입니다. 대개 여기에서 이단들이 잘못 해석합니다. 이단들은 144,000명을 문자적으로 해석하니까 문제가 생기게 됩니다. 이것은 숫자적 144,000명이 아닙니다. 해석 방법에 팁을 하나 드릴까 합니다. 5장에 보면 어린 양 예수 그리스도에 대한 환상이 나오는데, 어린 양의 환상을 보았을 때는 환상과 듣는 말씀이 서로 대비가 됩니다. 5장에서 요한이 듣는 말씀은 5장 5절 말씀이죠. 5장 5절에 보면 "유대 지파의 사자 다윗의 뿌리가 이겼다"는 말씀이 나와요. 마치 유대인들의 메시아 관처럼 나와요. 막강한 다윗의 권세를 가지고 오는 메시아처럼 보입니다. 그런데 6절에 보면, 보는 환상이 나옵니다. 보는 환상이 5장 5절을 해석해 주는 겁니다. 다윗의 뿌리가 누구냐?

6절에서 '죽임을 당한 어린 양', '만국 가운데서 백성들을 구속하신 어린 양'이라고 해석을 해 주는 겁니다.

그러니까 유대인들의 메시아 관이 틀렸죠. 다윗과 같은 메시아만 바라봤는데, 진정한 메시아 예수 그리스도는 희생당한 어린 양으로 등장하고 있는 것입니다. 5장의 어린 양을 해석하는 부분이 7장의 144,000명을 해석하는 데도 아주 중요한 포인트가 됩니다. 5장에서도 듣는 것이 보는 것으로 해석이 돼 있죠. 7장에서도 들은 말씀은 144,000명입니다. 그런데 7장 9절에 보면 보는 환상이 나옵니다. 보는 환상이 들은 계시를 해석해 준다고 했죠. 어떻게 해석합니까? 각 나라와 열방과 족속과 방언에서 나온 허다한 무리가 환상으로 보이게 됩니다. 보는 환상이 계시의 말씀을 해석해 주는 거죠. 이 허다한 무리 144,000명은 순교자들의 무리입니다. 흰옷을 입은 무리로 나오는 거죠. 그러니까 숫자상으로 144,000명을 이야기하는 사람들은 성경해석을 잘못하는 거죠.

진행자 꼭 그들만의 멤버십처럼 이야기해서 미혹시키는 이 부분이 정말 문제예요.

박윤성 목사 우리나라에 '~지파', '~지파' 하면서 그 안에 들어가야만 구원받는다고 이야기하는 사람들이 있는데, 그건 성경을 잘못 해석한 겁니다. 성경은 분명히 "허다한 무리", "각 나라와 족속과 방언과 백성에서 나온 흰옷을 입은 허다한 무리"라고 해석을 해 주고 있습니다. 그러므로 이는 순교한 교회, 어린 양을 따르는 하나님의 군대 교회입니다. 그러니까 5장의 어린 양을 제대로 해석하게 되면 7장의 144,000명도 제대로 해석하게 됩니다.

그다음에 또 중요한 장이 10장과 11장입니다. 여기에 보면 인봉을 뗀 작은 책이 나옵니다. 앞에서 책이 인봉되어 있어서 요한이 울었죠. 누가 뗄 것인가 하면서 울었는데, 인봉이 하나하나 떨어집니다. 그것이 인봉 심판 재앙입니다. 그러나 그 인봉 심판 재앙은 핵심 내용이 아니에요. 그것은 징계와 재앙을 보여주는데, 징계와 재앙으로는 사람들이 회개하지 않아요. 우리 PD님, 예전에 자랄 때 엄마 아빠한테 맞고서 변하셨습니까? 어떻게 변하셨습니까?

진행자 맞고 변했습니다.

박윤성 목사 맞고 변하셨어요? 그것도 훌륭하네요.

진행자 사랑도 해주시고 그러셨는데요. 결국에는 성숙한 다음에, 그 마음을 알았을 때 변화되지 않았나 싶어요.

박윤성 목사 대체로 사람들은 맞거나 징계를 받아서는 잘 안 변해요. 변한 척하는데 잘 안 변하죠.

진행자 자란 후에는 부모님의 희생과 섬김에 감사해서 변했죠.

박윤성 목사 결국 사람이 변하는 것은 사랑, 희생, 눈물 때문이죠. 계시록이 말하는 복음도 그겁니다. 어린 양 예수 그리스도의 죽으심, 희생과 사랑, 그것으로 사람들이 변하고 돌아오게 된다는 겁니다. 그래서 이제 인봉을 뗀 10장과 11장을 보면 어린 양을 따르는 교회도 희생당하고 죽어요. 10장과 11장에 그런 내용이 나오는데 교회가 복음을 전하다가 희생당하고 죽습니다. 그 모습을 보고 많은 영혼이 주께로 돌아오는 장면이 11장 11절에서 13절에 나오게 됩니다.

그러니까 계시록의 핵심장이 4장과 5장이고, 7장, 그리고 10장과 11장입니다. 책의 내용이 오픈된 것이 10장, 11장입니다. 그 내용을 보니 바로 **교회의 섬김과 희생**을 보여 줍니다. **그로 인해서 많은 사람이 주께로 돌아오게 됩니다.** 이것이 바로 계시록의 핵심적인 메시지입니다.

진행자 오늘 저희가 개괄적인 요한계시록의 핵심 내용을 다뤘는데요. 마지막으로 요한계시록을 왜 잘 봐야 하는지 최종 정리 부탁드립니다.

박윤성 목사 네, 요한계시록을 우리가 잘 봐야 하는 이유는, 그 안에 그리스도의 찬란한 복음이 들어있다는 사실을 놓치기 쉽기 때문에 그렇습니다. 그래서 계시록을 잘 묵상하고 연구하면서 그리스도의 복음을 발견하고 교회의 사명을 잘 감당해 나가야 합니다. 교회의 사명은 선교의 사명이죠. 잃은 영혼을 주께로 돌아오게 해야 하는데, 그 방법은 어린 양의 방법으로 우리가 살아가는 것입니다. 그러다 보면 많은 영혼이 주께로 돌아오게 됩니다. 믿지 않는 남편을 어떻게 구원할 수 있을까요? 아내가 희생하고 사랑하고 섬기면 돌아오게 되어 있습니다. 마찬가지로 세계 선교도 우리가 그런 마음으로 할 때 하나님의 나라가 이루어지는 것을 보게 될 것입니다. 그래서 계시록을 잘 연구하고 실천했으면 좋겠습니다.

진행자 목사님, 감사합니다. 앞으로 차근차근 공부하면서 목사님 말씀과 삶의 적용 포인트를 통해서 다시 한 번 요한계시록을 바라보기 원합니다. 그 안에 숨어있는 복음을 통해서 이 시대가 왜 이렇게 혼란하고 미혹에 빠지는지 제대로 알아서 전달할 수 있는 한 사람, 한 사람이 되었으면 좋겠습니다. 목사님, 다음 이 시간을 위해서 몇 장을 읽어오면 좋을까요?

박윤성 목사 다음 주에는 1장을 살피겠습니다. 1장을 미리 읽어 오시면 좋겠습니다.

진행자 다음 주 숙제니까 요한계시록 1장 읽으시고요. 다음 주 이 시간에 다시 찾아뵙겠습니다. 감사합니다.

02 고난의 현장에 오신 하나님(1:1-8)

<u>진행자</u> 오늘도 목사님과 함께 요한계시록을 제대로 보고 잘 공부해서
혼란한 이 시대에 바른 소리를 외칠 수 있는 성도들이 되기를 소망
합니다. 목사님, 지난주에 저희가 숙제를 내드렸잖아요. 요한계시록
1장을 읽어 오시라고 했는데, 숙제를 하셨나요? 그러면 요한계시록
1장에 어떤 내용이 있는지 본격적으로 시작해 보겠습니다.

<u>박윤성 목사</u> 네, 오늘은 1장 1절에서 8절까지 보겠습니다. 1장 앞부분에
는 서론이 등장하죠. 우리가 성경을 읽을 때 서론을 잘 봐야 합니다.
서론에서 저자가 하고 싶은 이야기를 함축해서 다 기록하고 있거든
요. 1장 1절에서 3절까지가 한 단락이고, 4절부터 8절까지가 또 한
단락이 됩니다. 오늘 이 두 개의 단락을 살펴보겠습니다.

　첫 번째 단락은 계시록의 기원과 전체 타이틀을 제공하고 있고,
두 번째 4절부터 8절까지의 말씀은 문안 인사입니다. 계시록이 묵시
문학이라고도 말씀을 드렸지만 동시에 서신서의 특징도 있습니다.

이 서신을 쓰면서 문안 인사를 하는데 문안 인사 속에 담긴 놀라운 은혜가 있습니다. 그래서 이 두 단락을 살펴볼 필요가 있습니다.

먼저, 첫 번째 단락은 1절에서 3절입니다. 이는 서론이면서 계시록 전체를 요약한 말씀입니다. 특별히 우리가 주의 깊게 봐야 할 부분이 1절 말씀입니다. 1절에 이런 말씀이 있습니다.

"예수 그리스도의 계시라 이는 하나님이 그에게 주사 반드시 속히 일어날 일들을 그 종들에게 보이시려고 그의 천사를 그 종 요한에게 보내어 알게 하신 것이라"(1:1).

1절은 계시록이 전달된 통로를 잘 보여줍니다. 누구를 통해서 전달됐는지가 아주 잘 기록되어 있습니다.

진행자 네, 정확히 기록되어 있네요.

박윤성 목사 여기 보면 하나님께서 예수 그리스도의 계시를 천사를 통해서 요한에게 줍니다. 그리고 그 요한이 이 계시를 크리스천 종들에게 보냅니다. 계시록의 전달 통로를 우리는 주의 깊게 봐야 합니다. 여기에는 사람이 들어가 있지 않아요. 이단의 교주도 절대 들어가 있지 않습니다. 계시의 전달 통로는 하나님과 예수 그리스도, 천사, 요한 그리고 그의 종들인 그리스도인들이라는 것을 우리가 분명히 알아야 합니다.

"요한은 하나님의 말씀과 예수 그리스도의 증거 곧 자기가 본 것을 다 증언하였느니라"(1:2).

박윤성 목사 2절 말씀에 보면 요한은 하나님의 말씀과 예수 그리스도의 증거를 증언한다고 말씀하고 있습니다. 이것은 소유격 어구라고 이야기하는데 '~의 증거'라는 이 말씀이 아주 중요합니다. 왜냐하면, 이 증거의 말씀이 사람의 것도 아니고 누구의 것도 아니고 하나님의 증거, 예수 그리스도의 증거라는 것입니다. 그래서 하나님과 예수 그리스도께서 계시록의 주체가 되심을 보여주는 아주 중요한 구절이라고 할 수 있습니다.

3절 또한 계시록의 중요한 말씀인데요. 이 예언의 말씀을 읽는 자와 듣는 자, 그리고 지키는 자는 복이 있다는 말씀이 나옵니다.

"이 예언의 말씀을 읽는 자와 듣는 자와 그 가운데에 기록한 것을 지키는 자는 복이 있나니 때가 가까움이라"(1:3).

박윤성 목사 여기서 한 가지 우리가 주의 깊게 봐야 할 부분은 '읽는 자'와 '듣는 자'입니다. 읽는 자는 단수로 나와 있고, 그다음을 보면 우리나라 성경에는 듣는 자라고 나와 있는데 원문에는 듣는 자들이라고 복수로 나와 있습니다. 왜 그런지 아십니까?

진행자 듣는 자들이 더 다수의 성도가 아닐까 싶은데요.

박윤성 목사 네, 맞습니다. 읽는 자는 단수입니다. 한 명이 읽죠. 초대 교회 당시에는 성경책이 많지 않았잖아요. 카피본이 별로 없었습니다. 그래서 장로님 한 분이 읽으시면 많은 회중이 듣게 됩니다. 그렇기 때문에 듣는 자들은 복수로 나와 있습니다. 그리고 그 말씀을 "지키는 자는 복이 있다"라고 말씀합니다. 그러니까 예배를 드리는 모든 사람이 복된 사람들이라는 거죠. 읽는 자와 듣는 자들과 지키는 자들이 복이 있는 것입니다.

그런데 여기 보면 "때가 가깝다"라는 말씀을 3절 후반부에 쓰고 있죠. 이것이 언제를 말하느냐 하면 하나님의 나라가 임하는 그때를 말합니다. 이때는 우리가 좀 더 주의 깊게 봐야 하는데, 예수님이 오실 때도 하나님의 나라가 가까웠다고 말씀하셨고 종말의 마지막 때를 이야기할 때도 하나님의 때가 가까웠다고 말씀하십니다.

이것을 신약 학자들이 말하기를 이미 하나님의 나라가 우리에게 임했고, 아직 완성되지 않았다고 합니다. 영어로 말하면 'already, but not yet'이라는 표현을 씁니다. 그래서 때가 가까웠다는 말은 이미 하나님의 나라가 우리 속에 들어와 있고 완성을 향해서 나아가고 있음을 말합니다. 그래서 우리는 항상 긴장감을 가지고 살아가야 할 것을 의미하는 말씀입니다. 때가 가까웠다는 것은 종말만을 이야기하는 것이 아니라, 현재 우리의 삶 속에서도 하나님의 나라가 이미 임했고 완성을 향해서 나아가기 때문에 긴장감을 가지고 깨어서 신앙생활을 해야 한다는 말입니다.

__진행자__ 깨어서 신앙생활을 해야 한다, 이미 임했지만 아직 완성이 아니다, 이 말씀 꼭 기억해야 할 것 같습니다.

__박윤성 목사__ 여기서 우리 크리스천의 윤리가 나옵니다. 구원받았으니까 아무렇게나 살아도 되는 것이 아닙니다. 우리가 긴장감을 갖고 깨어서 신앙생활 할 것을 요구하는 말씀입니다. 여기까지가 서론입니다.

__진행자__ 서론만 봐도 명확합니다. 누구한테 계시가 전해져 왔고 어떻게 우리가 이것을 받아야 하는지를 분명히 알 수 있습니다.

__박윤성 목사__ 그렇습니다. 인간 교주가 들어갈 자리가 전혀 없습니다.

그다음 두 번째 단락은 4절부터 8절까지입니다. 여기에서는 요한이 문안 인사를 합니다. 독자들이 나오는데, 읽는 자와 듣는 자들이 누구인지 4절부터 설명이 나옵니다.

"요한은 아시아에 있는 일곱 교회에 편지하노니 이제도 계시고 전에도 계셨고 장차 오실 이와 그의 보좌 앞에 있는 일곱 영과"(1:4).

박윤성 목사 계시록의 수신자는 일곱 교회입니다. "일곱 교회에게 편지
하노니"라고 했습니다. 일곱 교회는 그 당시 소아시아, 지금으로 말
하면 터키 지역에 있는 일곱 교회를 말합니다. 그런데 일곱 교회를
의미하기도 하지만, 특별히 이 계시록이 묵시문학이기 때문에 구약
에서 일곱이라는 숫자를 우리가 의미 있게 봐야 합니다. 일곱은 하
나님의 완전수이죠. 6일 동안 창조하셨고 제7일에 안식하셨던 그 하
나님의 완전함을 의미하는 수가 7입니다. 그러므로 일곱 교회라는
것은 소아시아 일곱 교회를 의미함과 동시에 오고 오는 모든 세대
속에 있는 하나님의 교회 전체를 의미하는 것입니다. 그러므로 계시
록은 소아시아에 있는 교회에게만 필요한 것이 아니라, 우리 모든
성도에게 다 필요한 말씀이라는 것을 알게 됩니다. 4절과 5절을 보
십시오.

"요한은 아시아에 있는 일곱 교회에 편지하노니 이제도 계시고
전에도 계셨고 장차 오실 이와 그의 보좌 앞에 있는 일곱 영과 또
충성된 증인으로 죽은 자들 가운데에서 먼저 나시고 땅의 임금들
의 머리가 되신 예수 그리스도로 말미암아 은혜와 평강이 너희에
게 있기를 원하노라 우리를 사랑하사 그의 피로 우리 죄에서 우리
를 해방하시고"(1:4,5).

박윤성 목사 문안 인사를 하면서 삼위일체 하나님을 다 이야기합니다. 여기서 삼위일체 하나님을 어떻게 볼 수 있을까요? 먼저 아버지 하나님입니다. "이제도 계시고 전에도 계셨고 장차 오실 이"라고 나오는데 이것은 성부 하나님을 말합니다. 구약에서는 야훼 하나님이라고 말했던 분을 이렇게 묘사합니다. 그리고 "그의 보좌 앞에 있는 일곱 영"이 나오는데 일곱 영은 영이 일곱 개라는 말이 아닙니다. 완전하신 성령님을 의미합니다. "충성된 증인"은 예수 그리스도를 의미합니다. 그러므로 이 문안 인사 속에서 성부, 성자, 성령 하나님, 즉 삼위일체 하나님을 모두 다 보여주고 있습니다. 참 놀라운 계시록의 말씀이죠.

여기서 일곱 영이신 성령의 역할이 중요합니다. 성령의 역할을 보니 성령님은 늘 교회에게 힘을 공급해 주시는 분이십니다. 등잔으로서 불꽃을 밝히는 것이 교회의 역할입니다. 이는 교회가 증인 역할을 잘 할 수 있도록 성령께서 힘을 공급해 주심을 의미합니다. 이 말씀은 스가랴서 4장 7절에서 가지고 온 귀한 말씀입니다.

그리고 삼위 하나님이 주시는 문안 인사가 있습니다. 그 문안 인사가 무엇일까요? "은혜와 평강"입니다. 이것은 서신서의 전형적인 문안 인사의 패턴입니다. 특별히 계시록에서는 참 중요한 부분입니다. 왜냐하면, 계시록 뒷부분에 나오는 교회들이 환난과 시험을 많이 당하게 됩니다. 환난과 핍박을 겪게 될 성도들에게 하나님의 은혜가 필요한 것이지요. 고난과 환난과 핍박이 있어도 하나님의 평강이 필요하다는 것을 미리 보여주는 것입니다. 그러므로 우리의 삶속에서도 늘 하나님의 은혜와 평강을 구하는 우리 성도들이 되었으면 좋겠습니다.

진행자 고난 전에 미리 은혜와 평강을 구하라는 말씀을 주시는 것을 보니까 더 은혜가 됩니다.

박윤성 목사 네, 그렇습니다. 은혜와 평강이 우리 모든 청취자와 독자 여러분의 삶 속에 있기를 바랍니다. 또 충성된 증인으로서 죽은 자 가운데서 먼저 나신 예수 그리스도의 이야기를 하면서 "은혜와 평강이 너희에게 있을지어다"라고 말씀하고 있습니다. 여기서 예수님을 충성된 증인이라고 표현하는 이유가 있습니다. 예수님은 하나님 아버지 말씀에는 언제나 'Yes'였죠. 예수님께는 '예'만 있다고 말씀하고 있는데 우리 좋은 그리스도인들도 하나님의 뜻에 'Yes'라고 할 줄 아는 사람들이 되어야 하겠습니다.

이런 사람들, 그리스도를 본받은 사람들을 충성된 증인이라고 이야기합니다. 교회들이 핍박과 환난을 겪게 될 것인데, 핍박과 환난당하는 교회들이 충성된 증인의 역할을 할 것을 보여줍니다. 마운스라는 학자가 이런 이야기를 합니다. "이 말씀은 심각한 박해 속에 있는 그리스도인들에게 용기를 주려는 말씀이다. 예수께서 충성된 증인이셨듯이 교회도 충성된 증인이 돼야 한다."라고. 그리스도께서 이기셨고 충성된 증인이 되셨듯이 교회도 그리스도를 증거하는 충성된 증인이 되어야 합니다.

우리는 신앙생활 하다 보면 평강을 잃어버릴 때가 많이 있습니다. 우리에게 고난과 환난과 시험이 있을 때 평강을 잃어버리는데, 그때마다 우리는 평강을 구해야 합니다. 우리 주님께서는 환난과 고난 중에서도 하늘의 평강을 누리셨는데, 우리에게도 그 은혜와 평강을 주시기를 구하는 성도들이 되셨으면 좋겠습니다. 이제 6절을 함께 보시겠는데, 6절도 참 귀한 말씀이 있습니다.

"그의 아버지 하나님을 위하여 우리를 나라와 제사장으로 삼으신 그에게 영광과 능력이 세세토록 있기를 원하노라 아멘"(1:6).

박윤성 목사 이 삼위일체 하나님이 우리에게 은혜와 평강을 주셨는데, 우리 그리스도인에게 주신 특권이 있습니다. 그것이 무엇일까요? 우리를 나라와 제사장으로 삼으셨다는 것입니다. 어디에서 많이 듣던 말씀 아닙니까?

진행자 그렇죠. 찬양에도 나오는 가사잖아요.

박윤성 목사 나라와 제사장, 이 말씀은 출애굽기 19장 6절의 말씀입니다.

"너희가 내게 대하여 제사장 나라가 되며 거룩한 백성이 되리라 너는 이 말을 이스라엘 자손에게 전할지니라"(출 19:6).

박윤성 목사 출애굽기의 말씀인데요. 베드로전서에서 베드로도 말했었죠.

"그러나 너희는 택하신 족속이요 왕 같은 제사장들이요 거룩한 나라요 그의 소유가 된 백성이니"(벧전 2:9).

박윤성 목사 택하신 족속이요, 왕 같은 제사장들이요, 거룩한 나라입니다. 같은 말씀이죠. 예수께서 우리를 신실한 증인으로 세우시는데, 우리를 나라와 제사장으로 만들어주셨다는 것입니다. 그러니까 이것은 민족적인 이스라엘을 말하는 것이 아니라 그리스도 안에 있는 교회를 말하는 것입니다. 교회가 진정한 하나님의 나라가 되어서 제사장적 사명을 감당하는 것을 우리에게 말씀해 주고 있습니다. 제사장의 중요한 역할이 무엇일까요?

진행자 예배드리는 거요.

박윤성 목사 그렇죠. 예배드리고 또 죄를 사하는 제사를 통해서 하나님과 죄인들을 중재해 주는 것이 제사장의 역할이죠. 구약 시대에는 제사장만 했던 역할을 이제는 우리 교회에게 이것을 맡기셨다는 겁니다. 그래서 바울은 우리 성도들을 중매쟁이라고 말합니다. 하나님께로 중매해 주는 중재자 역할을 할 수 있게 된 것이죠. 참 놀라운 말씀이죠. 그리스도로 말미암아 우리가 나라와 제사장이 되었다는 말씀만 우리가 잘 묵상해도 우리의 정체성, 자존감, 특권을 잘 느낄 수 있을 것입니다. 이제 7절 말씀인데요. 이 7절은 아주 중요한 말씀입니다. 어떤 학자는 이 7절을 계시록의 요지, 키노트라고도 말합니다.

> **"볼지어다. 그가 구름을 타고 오시리라. 각 사람의 눈이 그를 보겠고 그를 찌른 자들도 볼 것이요. 땅에 있는 모든 족속이 그로 말미암아 애곡하리니 그러하리라 아멘"**(1:7).

박윤성 목사 이 말씀은 구약의 두 구절을 합성한 구절입니다. 하나는 다니엘서 7장 13절의 말씀으로, 구름 타고 오실 인자이신 메시아를 말하는 것이고, 다른 하나는 스가랴 12장 10절 말씀인데, 이 두 구절을 같이 쓴 것입니다. 마태복음 24장 30절에서도 이렇게 말씀을 하셨고요. 요한 사도는 오늘 이 말씀을 여기에서 보여줍니다. 그리스도께서 재림하실 때 어떤 모습으로 오시는지, 모든 사람이 재림하시는 예수를 보게 될 것을 이야기합니다.

여기에 "볼지어다", "본다"라는 단어가 나오는데 이것은 미래의 어느 시점을 말하는 것이죠. 주님께서 장차 다시 오셔서 우리를 하나님의 나라로 인도하는 그때, 재림의 때가 있다는 것이죠. 그래서 1장 7절이 특별히 성도들에게 큰 위로가 되는 말씀입니다. 우리가 신앙생활 하면서 어떤 때는 고난이 있습니다. 어떤 때는 힘을 다 해야 하고, 노력도 해야 합니다. 그런 성도들을 주님이 오셔서 칭찬하시고, 영원한 하나님 나라로 인도해 주실 것입니다. 참으로 소망의 말씀이라고 볼 수 있습니다.

이 그리스도의 재림이 얼마나 확실합니까? 요한은 이렇게 이야기합니다. 7절 맨 마지막에 "그러하리라 아멘" 이렇게 말하고 있지요. "그러하리라"라는 말은 히브리어로 'nai'라는 단어인데요. 긍정이라는 뜻입니다. 그다음에 "아멘"은 우리가 잘 알고 있듯이 헬라어 아멘입니다. 히브리말의 긍정, 헬라말의 긍정, 이 두 개가 합성된 것입니다. "그러하리라. 아멘" 이 말은 그리스도의 재림은 확실하게 아멘이라는 뜻이죠.

진행자 네, 선포하는 어조인 것 같아요.

박윤성 목사 아주 확실한 선포죠. 그리스도의 재림에 대해서 의심하지 말라. 그러하리라 아멘. 확실하게 아멘!

진행자 반드시 그렇게 나타나리라, 임하리라, 이렇게 들려요, 목사님.

박윤성 목사 그렇죠. 그래서 그 당시 중요한 언어였던 히브리 말과 헬라 말을 다 쓰고 있는 것입니다. 자 이제 마지막 8절입니다.

"주 하나님이 이르시되 나는 알파와 오메가라 이제도 있고 전에도 있었고 장차 올 자요 전능한 자라 하시더라"(1:8)

박윤성 목사 "알파와 오메가", 많이 들어 본 표현이죠. 이 표현에도 중요한 의미가 담겨 있습니다. 이런 구성법을 신학 용어로 '메리즘'(merism)이라고 합니다. 알파는 첫 글자고 오메가는 마지막 글자입니다. 첫 글자와 마지막 글자를 이야기하는 것은 양극단을 이야기하는 것 같지만 그렇지 않습니다. 히브리어의 알파벳 첫 자와 마지막 자인 알레프(aleph)와 타우(tau)가 있는데, 유대인들의 관습에 의하면 첫 번째와 마지막 글자를 이야기하는 것은 중간에 있는 모든 것들을 다 포함한다는 뜻이 있습니다. 그래서 하나님을 "알파와 오메가"라고 표현하는 것은, 하나님이 처음과 끝만이 아니라 처음부터 시작하셔서 중간에 모든 것들과 마지막까지 지켜주시고 함께 하시는 하나님이라는 것을 의미합니다.

더 놀라운 것은 계시록 뒷부분에 가면 예수 그리스도에 대해서도 알파와 오메가라고 똑같은 명칭을 쓰고 있다는 사실이죠. 하나님이 알파와 오메가 되시기 때문에 그 하나님을 전적으로 신뢰해야 합니다. 처음과 마지막뿐만 아니라 지금 현재의 삶에도 역사하시고 주관하시는 하나님을 믿어야 하는 것입니다.

진행자 네, 이렇게 8절까지 낱낱이 살펴봤는데요. 목사님, 그러면 이 말씀을 오늘의 묵상 포인트로 어떻게 적용하면 좋을지 한 말씀 부탁드립니다.

박윤성 목사 네, 적용할 내용이 참 많죠. 이 계시의 말씀은 하나님과 예수 그리스도, 그리고 천사를 통해서 요한과 그의 종들에게 주어진 말씀입니다. 여기에는 인간, 이단의 교주가 들어갈 자리가 전혀 없습니다. 그래서 우리 성도들이 미혹되지 않도록 말씀을 잘 붙잡으시길 바랍니다.

또 한 가지는 때가 가깝다는 것입니다. 우리 주님이 오실 때가 가까운데 그렇다고 우리가 손을 놓고 아무 일도 하지 않고 살아가라는 말씀이 아니잖아요. 이미 하나님 나라가 임했고 아직 완성되지 않았으니 '이미'와 '아직' 사이에 긴장감을 가지고 깨어 있어서 우리의 삶을 살아가는 것이 중요합니다. 그러므로 여기서 그리스도인들의 윤리가 나와야 합니다. 내가 예수 믿고 구원 받았으니 아무렇게나 살아도 되는 것이 아니라, 신실한 제자도가 여기서 나와야 하는 것이죠. 말씀을 붙잡고 깨어 있는 삶, 이런 삶을 우리가 추구하는 것이 중요하다고 볼 수 있습니다.

우리를 거룩한 나라와 제사장으로 삼으셨다고 말씀하셨는데, 교회가 해야 할 일을 요즘에 많이 잃어버렸어요. 전도의 사명, 선교의 사명, 우리가 어렵더라도 끝까지 붙잡아야 할 사명입니다. 그것이 바로 나라와 제사장의 역할이죠. 복음을 전파하고 좋으신 예수를 전하는 모든 청취자와 독자들이 다 되시기를 주님의 이름으로 축복합니다.

진행자 네, 저는 오늘 말씀을 들으면서 이런 생각을 해 보았습니다. 교회가 받을 핍박 전에 "은혜와 평강이 있을지어다"라고 말씀을 주신 것처럼, 우리가 성도된 자로서 은혜와 평강을 간직하며 살아야겠다, 또 때가 임했지만 아직 완성되지 않은 주님의 나라를 사모하며 제자도의 정신으로 오늘 하루도 살아야겠다고 생각했습니다. 충성된 증인이 되라는 말씀을 통해 예수님의 모습을 닮아야겠다고 생각했고요, 나라와 제사장으로 삼으셨다는 그 자부심으로 오늘 이 하루도 임해야겠다는 생각을 해 봤습니다.

박윤성 목사 네, 너무 귀한 말씀입니다.

함께 이야기하기

1 여러분들의 삶의 상황은 어떠합니까? 하나님의 은혜와 평강이 없어
도 잘 견딜 수 있는 상황입니까? 아니면 하나님의 은혜가 절대적으로
필요합니까? 각자의 삶을 나눠 봅시다.

2 하나님의 도우심으로 어려운 순간을 잘 극복하신 분이 있다면, 그 간
증을 나눠 보십시오. 그리고 태풍의 눈과도 같은 평강을 경험하신 분
이 있다면 또한 나눠 보십시오.

3 하나님께서는 알파와 오메가가 되셔서 모든 역사를 주관하시는 주권
자이십니다. 하나님께서 역사를 주관하신다는 사실이 여러분들에게
는 어떤 도움이 됩니까? 또한, 하나님이 그런 분이시라면, 우리들의
삶의 태도는 어떠해야 하겠습니까?

03 우리를 보호하시고 힘주시는 분(1:9-20)

진행자 요한계시록에 복음이 담겨있다고 하는데요. 어떤 이야기들이 있는지 저희가 매주 한 챕터씩 공부하고 있습니다. 목사님, 지난 시간에 이어서 요한계시록 1장을 저희가 보고 있습니다. 오늘 계속 이어서 요한계시록 1장 9절부터 함께 나누도록 하겠습니다.

박윤성 목사 네, 그렇습니다. 지난주에 서론 부분인 1장 1절에서 8절까지를 봤습니다. 서론이 상당히 중요하다고 그랬죠? 서론은 본론에 나올 이야기들을 미리 보여주는 역할을 했었습니다. 오늘 살펴볼 9절에서 20절도 서론이라고 볼 수도 있습니다. 9절에서 20절은 2, 3장에 나타나는 일곱 교회와 깊은 연관성이 있습니다. 9절 이하에 부활하신 예수 그리스도가 등장하시는데, 이 부활하신 예수 그리스도의 모습이 일곱 교회에게도 같은 모습으로 각각 등장하십니다. 그러니까 서론이 본론과 아주 밀접한 관계를 맺고 나아가고 있다는 것을 알 수 있습니다.

"나 요한은 너희 형제요 예수의 환난과 나라와 참음에 동참하는
자라. 하나님의 말씀과 예수를 증언하였음으로 말미암아 밧모라
하는 섬에 있었더니"(1:9).

박윤성 목사 9절에서 요한은 자기소개를 하고 있습니다. 요한의 소개는
5절에 나오는 예수님의 소개하고 비슷해요. 5절에서 예수 그리스도
를 삼중적으로 표현했는데, 요한도 자신을 그런 식으로 표현합니다.
"나 요한은 너희 형제요, 예수의 환난과 나라와 참음에 동참하는 자
라" 환난과 나라와 참음이라는 세 가지 명사가 나오는데, 이 세 가지
명사는 하나의 관사로 연결되어 있습니다. 어려울 수 있는데요, 쉽게
말하면 이런 이야기입니다. 하나를 이야기하는데, 보니까 세 가지가
다 들어 있어요. 그래서 그 안에 보니까 환난과 나라와 참음이 서로
연관성이 있고, 서로가 서로를 해석해 주는 역할을 하는 겁니다.

요한은 자신을 "예수의 환난과 나라와 참음에 동참하는 자"라고
말합니다. 이 말은 요한뿐만 아니라 우리 성도들도 예수님처럼 환난
이 있다는 말이죠. 그리고 그 환난은 인내함과 참음으로 이겨야 합
니다. 그렇게 될 때 예수님처럼 나라에 이르게 되고, 나라를 통치하
게 됨을 의미하는 것이죠. 사실 이 요한과 요한의 공동체는 이 땅의
핍박을 받고 있는 공동체였지만, 하늘에 함께 앉아 있는 공동체라고
볼 수 있습니다. 성경은 우리 그리스도인들을 예수와 함께 보좌에
앉아 있는, 예수와 함께 보좌에 앉아서 통치하는 자들이라고 이야기

합니다.

그러니까 교회가 얼마나 놀라운 공동체입니까? 우리가 지금 이 땅을 살아가고 있지만, 우리의 시민권은 하늘에 있고 주님과 함께 통치하는 자리에 앉아 있음을 보여주는 것입니다. 이것을 신학자들은 '왕권의 형식(kingship)'이라고 하는데, 이것이 무슨 말이냐 하면 예수님처럼 환난을 통해서 신실하게 참는 자들은 예수와 함께 다스리는 자리에 들어갈 수 있음을 이야기해 주는 것입니다.

진행자 그러니까 환난을 참는 것이 먼저 수반되어야 하네요.

박윤성 목사 그렇죠. 십자가, 그리고 환난과 고난. 예수님이 그런 삶을 사셨습니다. 그를 따르는 교회도 결국 예수님과 함께 나라를 통치하는 자들이 될 것이라고 성경은 말씀해 주고 있습니다. 요한은 자기를 소개할 때 이렇게 환난과 나라와 참음에 동참하는 자라고 소개를 합니다. 그러므로 우리 성도들도 이것을 잘 기억할 필요가 있습니다.

그런데 여기 9절에 보면 요한이 밧모라 하는 섬에 있었다고 이야기하는데, "있었더라"라는 동사는 과거시제죠. 그 말은, 지금은 밧모라는 섬에 있지 않다는 것이죠. 과거에 있었다는 말이겠죠. 요한계시록이 기록되는 시기가 AD 97년입니다. 따라서 요한이 밧모 섬에 유배된 시기는 그 이전이었다는 것을 알 수 있습니다.

밧모 섬을 제가 가 본 적이 있는데요. 밧모 섬은 그렇게 작은 섬은 아닙니다. 길이가 16km 정도, 너비는 8km 정도 되고, 초승달과 같은 모양을 하고 있습니다. 여기는 스포라데스라는 군도에 속하는 작은 섬인데, 체육관도 있었고 아데미 신전도 있었습니다. 그리고 지정학적으로 아주 좋은 항구를 갖고 있었습니다. 이 밧모 섬은 소아시아, 특별히 에베소에서 63km 정도 앞에 떨어져 있는 섬이었습니다. 그때 당시 로마 제국의 통치를 받고 있었기 때문에 로마에서 배를 타고 가면 밧모 섬에 귀착을 하게 되고, 그다음에 에베소에 들어가게 됩니다. 이처럼 밧모 섬은 중요한 위치에 있었습니다.

요한이 밧모 섬에 유배를 당했다고 하는데, 그 이유를 이렇게 이야기합니다. "하나님의 말씀과 예수를 증언하였음으로 말미암아"라고. 복음을 증거하다가, 하나님의 말씀을 전하다가 고난을 당하고 있다고 자기소개를 하고 있는 것입니다.

진행자 네, 이 밧모 섬에 있었다는 것만으로도 본인이 복음을 전했다는 것을 증명하는 것이 된다는 것을 오늘 새롭게 알게 되었네요.

박윤성 목사 네, 그렇습니다. 그럼 이제 10절을 보겠습니다.

"주의 날에 내가 성령에 감동되어 내 뒤에서 나는 나팔 소리 같은 큰 음성을 들으니"(1:10).

박윤성 목사 네, 이제 요한이 계시를 받는 장면이 나오는데요. 주의 날이 무슨 날일까요?

진행자 주일이요.

박윤성 목사 네, 주일입니다. Sunday이죠. 원래 초대교회에서는 유대의 전통에 의해서 토요일 안식일에 예배를 드리는 것이 익숙했었습니다. 그러다가 신약시대 후반부로 갈수록 주의 날, 주일에 예배드리는 형태로 바뀌게 됩니다. 예수님의 부활 때문에 그렇죠. 주의 날에 요한은 예배를 드리다가 비전을, 환상을 보게 됩니다.

요한이 환상을 보는 장면은 구약의 에스겔 선지자라든지 선지자들이 비전과 예언을 받는 것과 비슷합니다. 그것은 바로 이 요한이 선지자로서 하나님의 계시의 말씀을 받고 있다는 것을 우리에게 힌트를 주고 있는 것입니다. 10절에 주의 날에 성령에 감동되어서 나팔소리 같은 큰 음성을 들었다고 나오는데, 이 나팔소리 같은 큰 음성은 모세가 하나님을 만날 때 들었던 음성하고 비슷해요. 요한이 예언자로서 선지자로서 권위가 있다는 것을 보여주는 말씀입니다. 이제 11절 말씀을 보겠습니다.

> "이르되 네가 보는 것을 두루마리에 써서 에베소, 서머나, 버가모, 두아디라, 사데, 빌라델비아, 라오디게아 등 일곱 교회에 보내라 하시기로"(1:11).

박윤성 목사 네, 요한계시록은 묵시문학이면서 예언서이고 동시에 서신서의 특징이 있다고 말씀드렸는데, 이제 드디어 일곱 교회가 나옵니다. 에베소가 항구 도시라서 처음 나오는 도시가 되겠고요. 북쪽으로 서머나, 버가모가 있고 남쪽으로 두아디라, 사데, 빌라델비아, 라오디게아 이렇게 원형으로 형성되어 있습니다. 이것은 길이 이어지는 루트입니다. 그래서 람제이(Ramsay)라는 분은 이런 이야기를 합니다. 이 일곱 도시들은 소아시아에서 지정학적으로 중심지였고 교통의 요충지였으며 우편물이 분배되는 길이었다는 겁니다. 로마에서 오는 공문서라든지 밧모 섬에서 요한이 보낸 서신이 이 루트에 따라 이런 지역들로 보내졌던 것입니다. 이를 회람서신이라고도 합니다.

이렇게 11절까지 서론적인 부분이 등장했고요. 12절부터 20절까지는 비전, 환상이 보이는 부분입니다. 요한이 보는 환상은 유대 묵시문학, 유대 구약의 선지자들이 보았던 환상과 똑같은 패턴으로 나옵니다. 첫 번째로 12절부터 16절까지는 환상이 보입니다. 이니셜 비전이라고 하지요. 두 번째로 17절에 보는 자의 반응이 나오는데, 환상을 보는 자가 반응을 합니다. 세 번째로 그 환상을 해석해 주는 것이 마지막 부분이 되겠습니다.

요한이 보는 비전은 아주 중요한 부분인데, 여기에 고난이 항상 따라옵니다. 고난을 통해서 나라와 제사장이 되는 것을 여기에서 보여주는 환상이 알게 해 주는 것이죠. 그럼 구체적으로 환상에 들어가 보도록 하겠습니다. 12절 말씀을 한 번 읽어 주십시오.

"몸을 돌이켜 나에게 말한 음성을 알아보려고 돌이킬 때에 일곱 금 촛대를 보았는데"(1:12).

박윤성 목사 환상을 보았는데 일곱 금 촛대가 나오죠. 이 계시록의 환상은 그냥 아무렇게나 나오는 환상이 아닙니다. 이는 구약성경으로부터 가져오는 환상입니다. 하나님께서 구약의 선지자들을 통해서 보여줬던 환상을 이제 요한에게 다시 보여줍니다. 일곱 금 촛대는 스가랴 4장, 출애굽기 25장, 37장, 민수기 8장의 배경을 가지고 있습니다. 성막과 성전 안에는 촛대가 있었죠. 이 촛대는 하나님의 임재하심을 이야기합니다. 그리고 촛대로부터 빛이 발산되는데, 빛은 하나님의 영광과 임재하심을 보여주는 것입니다. 뿐만 아니라 스가랴 4장 2절에서 5절에 보면 그 촛대 위에 촛불이 켜져 있죠.

이 촛불이 무엇을 의미하는가 하면, 스가랴 4장 6절에 보면 하나님의 임재하심, 성령을 의미합니다. "힘으로도 되지 않고 능으로도 되지 않고 하나님의 영으로 되느니라"라는 말씀이죠. 그래서 이 촛대 위의 램프는 성령님으로 해석할 수가 있습니다. 요한에게 왜 촛대가 보였을까요? 구약에서 이스라엘을 촛대로 표현했습니다. 그런데 여기 계시록에서는 새로운 이스라엘인 교회가 성령의 임재를 경험합니다. 성령의 힘을 공급받아서 이 세상의 환난과 난관을 능히 이겨낼 수 있다는 것을 보여줍니다.

정리하면 이렇습니다. 일곱 촛대가 나오는데 촛대는 교회를 말합니다. 교회는 성령의 임재하심으로 빛을 발하는 존재입니다. 그러므로 교회는 복음의 증거자라는 것과, 그 어떤 세력도 교회를 침입하거나 넘어지게 할 수 없음을 믿어야 합니다.

진행자 그러면 목사님, 촛대가 일곱 교회를 상징한다 하셨는데, 그 위에 불은 성령님의 임재, 하나님의 임재라고 해석하면 되겠네요. 그러니까 각 교회들이 주님의 임재하심을 사모하며 성령님의 임재하심을 소망해야 하겠네요.

박윤성 목사 네, 우리의 빛이 아니라 성령의 빛이죠. 하나님의 빛을 발하는 촛대와 같은 교회가 되어야 한다는 것을 보여주는 겁니다. 그 다음에 13절부터 15절까지는 인자 같은 이가 등장합니다. 인자 같은 이는 누구를 말할까요? 13절에서 15절을 보겠습니다.

"촛대 사이에 인자 같은 이가 발에 끌리는 옷을 입고 가슴에 금 띠를 띠고 그의 머리와 털의 희기가 흰 양털 같고 눈 같으며 그의 눈은 불꽃같고 그의 발은 풀무 불에 단련한 빛난 주석 같고 그의 음성은 많은 물소리와 같으며"(1:13-15).

박윤성 목사 여기에 "인자 같은 이"가 나오는데, 이분은 메시아, 그리스도를 이야기합니다. 이 말씀도 구약의 다니엘서 7장과 10장으로부터 가져온 말씀입니다. 공관복음에 보면 예수님께서 자신을 표현할 때, 주로 인자라는 호칭을 많이 쓰셨습니다. 인자라는 말은 인성을 말하는 것만이 아닙니다. 물론 인성도 있습니다만, 더 중요한 것은 다니엘서에 보면 '인자 같은 이'(the son of man)가 등장하는데 그 인자는 바로 메시아를 말하는 것입니다. 예수님께서 자신을 다니엘이 예언했던 바로 그 인자라고 한 이유는 자신이 바로 메시아라는 것을 강조하기 위해서입니다.

이 인자 같은 이를 왕적인 존재로, 그리고 제사장적 존재로 그리고 있는 것입니다. 구약에서 제사장의 역할 중 하나는 촛대를 보살피는 것이었습니다. 촛대를 손질하고, 오래된 기름은 버리고 새로운 기름을 채워주고, 꺼진 불을 다시 붙이는 역할을 하였습니다. 예수 그리스도, 인자를 제사장적 모습으로 그리고 있는 이유는, 바로 주님께서 교회의 잘못을 수정하시고, 불을 지펴주시고, 권면하시고, 경고하심을 보여주는 것입니다. 그리고 인자 같은 이의 모습이 그려지고 있는데요. 이 모습을 그림으로 그리면 좀 이상한 그림이 됩니다. 마치 할아버지처럼 그림이 그려지는데, 그렇게 문자적으로 해석하면 곤란합니다. 그 의미를 발견해야 되겠죠.

<u>진행자</u> 여기에 "그의 머리와 털의 희기가 흰 양털 같고"라는 부분을 보고 목사님 말씀처럼 '할아버지 형상이 아닐까?' 이런 생각이 들겠네요.

박윤성 목사 그래서 우리가 의미를 알아야 합니다. 그리스도의 발은 풀무에 단련한 빛난 주석 같다고 묘사를 하죠. 풀무는 금속을 연단하는 불이죠. 그러므로 이것은 불에 연단된 순결함을 말합니다. 그리스도께서는 도덕적으로 순결하고 정결하신 분이죠. 그래서 우리 그리스도를 따르는 교회들도 순결한 신부가 되는 것이 마땅한 일 아니겠습니까?

또 인자 같은 이의 머리와 머리털이 희다고 이야기합니다. 계시록에서 희다는 말은 절대적인 정결과 전인성을 말하는 겁니다. 우리 주님께서는 흰 모습으로 등장을 하는데 그것은 정결하심을 표현하는 것이죠.

그다음에 주님의 눈과 발을 묘사하는데 불꽃같다는 표현을 합니다. 눈이 불꽃같다 함은 눈에서 레이저 불빛이 나온다는 의미가 아니죠. 이것은 주님 앞에서는 숨을 수 없다는 것입니다. 훤히 다 꿰뚫어 보시는 그분의 통찰력을 그렇게 표현하고 있는 것입니다. 그래서 인자 같은 이의 모습, 그리스도의 모습을 묘사하는데 그분의 순결하심, 도덕성, 정결하심, 통찰력, 그분의 성품을 그렇게 묘사하고 있는 것입니다.

진행자 음성이 많은 물소리와 같다 했는데요. 어떤 소리일까 궁금해요.

박윤성 목사 그렇죠. 많은 물소리처럼 웅장한 소리죠.

진행자 하나의 형용할 수 없는 신묘막측한 표현이 아닐까 싶습니다.

박윤성 목사 그렇죠. 그분의 음성 앞에 떨 수밖에 없는 그런 상황도 있고요. 때로는 아주 세미한 소리로도 찾아오시는 주님이시죠. 이제 16절 말씀을 읽어주시기 바랍니다.

> "그의 오른손에 일곱 별이 있고 그의 입에서 좌우에 날선 검이 나오고 그 얼굴은 해가 힘 있게 비치는 것 같더라"(1:16).

박윤성 목사 인자 같으신 이, 그리스도의 오른손에 일곱 별이 있습니다. 이 일곱 별도 다니엘서에서 가지고 온 말씀인데요. 다니엘서 12장 3절과 6-7절에 나오는데, 특히 12장 3절에는 별들이 나옵니다. 이 별들은 부활한 그리스도인, 이스라엘의 지혜자들을 상징합니다. 그리고 우리가 잘 알고 있듯이 "많은 사람을 옳은 데로 인도하는 사람은 하늘의 별과 같이 빛나리라" 이런 말씀도 있죠.

그래서 여기 나온 일곱 별이 무엇인지 우리가 해석을 해야 하는데요. 성경은 성경 안에서 서로서로 해석을 해 줍니다. 20절에 예수님의 해석이 나오죠. "네가 본 것은 내 오른손에 일곱 별의 비밀과 일곱 금 촛대라"라고 했습니다. 일곱 별은 뭐라고요? 일곱 교회의 사자, 즉 지도자들을 의미합니다. "일곱 촛대는 일곱 교회니라" 그래서 일곱 별은 일곱 교회의 메신저들, 사자, 주의 종들을 의미합니다.

이와 같이 주님께서는 그의 오른손에 일곱 별을 붙잡고 계세요. 저는 이 말씀을 연구하면서 이런 은혜를 받았습니다. 지도자들, 목회자들이 종과 같은 자세로 섬기는 자세로 살아야 하지만, 주님께서는 그 지도자들을 손에 잡고 계시다는 사실이죠. 우리들은 겸손해야 하지만 주님의 관점에서는 주님이 우리를 붙잡고 계시다는 놀라운 은혜를 발견할 수가 있었습니다.

그리고 입에서는 좌우에 날선 검이 나오는데, 좌우의 날선 검은 종말론적인 심판, 마지막 심판을 의미합니다. 주님께서는 마지막에 모든 자들을 심판하시는 분으로 우리가 알고 있지 않습니까? 17절 상반절에 이 요한이 이런 주님의 환상을 보고 난 후 반응이 나타납니다.

"내가 볼 때에 그의 발 앞에 엎드러져 죽은 자 같이 되매 그가 오른손을 내게 얹고 이르시되 두려워하지 말라 나는 처음이요 마지막이니"(1:17).

박윤성 목사 네, 그 환상을 보고 지금 요한이 그분의 발 앞에 엎드러집니다.

<u>진행자</u> 너무 두려웠을 것 같아요.

박윤성 목사 그렇죠. 너무 감격스럽기도 했지만 너무 두려웠겠죠. 죄인
인 인간이 하나님을 만나면 유구무언입니다. 말을 할 수가 없어요.
그분의 영광 앞에 무릎을 꿇을 수밖에 없죠. 요한이 그렇게 반응을
하는 겁니다. 그런데 다니엘서에 보면 다니엘도 그런 반응을 해요.
다니엘 8장과 10장을 보면 네 가지 반응이 나옵니다. 비전을 보는
다니엘이 두 번째는 두려움으로 그의 얼굴을 땅에 대고, 세 번째는
천상의 존재에 의해 힘을 공급받고, 네 번째는 그분으로부터 계시를
받는 장면이 나옵니다. 그러니까 요한이 계시를 받는 이 장면은 구
약의 정통성이 있다는 말이에요. 선지자들이 예언을 받듯이 그렇게
예언을 받으면서 요한이 반응하는 장면을 보게 됩니다.

이제 17절 후반절부터 20절까지는 요한이 본 환상을 해석해 주고
있어요. 17절과 18절을 한 번 보겠습니다.

"내가 볼 때에 그의 발 앞에 엎드러져 죽은 자 같이 되매 그가 오
른손을 내게 얹고 이르시되 두려워하지 말라 나는 처음이요 마지
막이니 곧 살아 있는 자라 내가 전에 죽었었노라 볼지어다 이제 세
세토록 살아 있어 사망과 음부의 열쇠를 가졌노니"(1:17, 18).

박윤성 목사 네, 그렇습니다. 17절을 보면 인자 같은 이가 "나는 처음과

나중이다"라고 말씀하십니다. 지난주에 우리가 들었던 말씀이지 않습니까?

진행자 알파와 오메가요.

박윤성 목사 그렇죠. 알파와 오메가, 처음과 나중, 이것을 똑같이 인자, 메시아에게도 적용합니다. 그 말은 삼위일체 하나님이라는 것을 보여주는 것이죠. 그리고 "살아 있는 자"와 "세세토록 살아있어", 이 말은 인자 같은 예수 그리스도는 죽음으로부터 부활하신 분이라는 뜻입니다. 죽음으로부터 부활하셔서 인생과 세상의 주권자가 되셨다는 것을 우리에게 보여주고 있는 것입니다.

18절을 보면, 부활을 설명하는데 삼중적으로 해석해 주고 있습니다. "살아있는 자라", "전에는 죽었었고", "이제는 세세토록 살아있어 사망과 음부의 열쇠를 가졌다"라고. 예수 안에 있는 그리스도인들은 예수와 함께 죽었습니다. 십자가에서 나는 죽었고 예수와 함께 살아나게 된 것입니다. 그래서 예수의 부활이 바로 우리의 부활이 될 수 있음을 믿어야 합니다.

진행자 아멘.

박윤성 목사 예수님께서 자신을 살아있는 자라고 표현하십니다. 그래서

19절에 이렇게 명령하시죠. "그러므로 내가 본 것과 지금 있는 일과 장차 될 일을 기록하라"라고 하시면서 20절에서 보다 더 구체적으로 일곱 별을 해석해 주시죠.

"네가 본 것은 내 오른손의 일곱 별의 비밀과 또 일곱 금 촛대라 일곱 별은 일곱 교회의 사자요 일곱 촛대는 일곱 교회니라"(1:20).

박윤성 목사 네. 성경은 전후 문맥이 중요하다 그랬죠. 앞과 뒤를 잘 읽어 보시면 해석이 잘됩니다. 그리고 20절 안에서도 앞뒤를 잘 보시면 해석이 잘됩니다. "내 오른손의 일곱 별"은 뒤에서 뭐라고 해석합니까? "일곱 교회의 사자"라고 하죠. 메신저를 말합니다. 세우신 주의 일꾼들, 지도자들을 말하는 것이죠. "일곱 금 촛대라" 금 촛대는 뒤에서 뭐라고 이야기합니까?

진행자 "일곱 교회니라"

박윤성 목사 네. 일곱 교회입니다. 바로 해석이 되는 거죠. 성경이 어려운 게 아닙니다. 본문 안에서 전후 문맥을 잘 보면 성경을 우리가 쉽게 이해할 수 있습니다. 일곱 별은 주님이 세우신 일꾼들을 의미한다고 아까 말씀드렸습니다만, 목회자들, 복음을 전파하는 자들이 가져야 할 정체성을 보여 줍니다. 목회자들은 종이요, 섬기는 자요, 주의 일을 감당하는 자라는 정체성을 가져야 할 필요가 있습니다. 동시에 목회자들의 사역이 어렵고 힘들어도 하나님께서는 당신의 일꾼들을 별과 같이 붙잡고 계시다는 사실을 알 필요가 있습니다. 사실 개척교회나 농어촌 교회 목회자들이 얼마나 힘듭니까? 그럼에도 불구하고 주님이 붙잡고 계시다는 사실을 알아야 합니다. 그리고 "일곱 촛대는 일곱 교회니라"라고 했습니다. 교회가 성령님의 임재하심으로 하나님의 영광의 빛을 발하는 교회가 되었으면 좋겠습니다.

이상으로 1장 20절까지 살펴봤는데, 예수님의 모습과 교회에게 주시는 환상들이 2장과 3장에 또다시 반복해서 나오게 될 것입니다.

진행자 자, 이렇게 해서 1장을 마무리했습니다. 목사님, 함께 해 주셔서 감사합니다.

박윤성 목사 감사합니다.

함께 이야기하기

1 여러분들의 삶 속에 고난이 닥쳐왔을 때 믿음으로 인내하십니까? 아
니면 하나님을 원망하고 믿음이 없는 사람처럼 살아가십니까? 여러
분들의 대처 방법을 이야기해 보십시오.

2 여러분들은 성령님으로부터 힘을 공급받고 사십니까? 그런 경험이
있으면 서로 나눠 봅시다.

3 그리스도께서 그의 교회 중에 계시고 교회를 돌보시는 것을 배웠습니
다. 우리가 이 사실을 알 때, 우리 쪽에서 달라져야 할 태도는 무엇이
라고 생각하십니까?

4 그리스도께서 부활이시고 생명이심을 믿음으로 여러분의 삶이 달라
지는 부분은 무엇입니까?

첫사랑을 회복하라! (2:1-7)

진행자 요한계시록에 나타난 복음 '요~복음!'입니다. 요한계시록을 어
떻게 보면 복음이 보일지 고민하는 시간인데요. 목사님, 요한계시록
에 하나님의 사랑과 예수 그리스도의 복음이 담겨 있다고 말씀하셨
습니다. 요한계시록의 매력이 무엇일까요?

박윤성 목사 네, 계시록의 매력은 어린 양 예수 그리스도라고 한 마디로
말할 수 있습니다.

진행자 어린 양 예수 그리스도가 담겨 있는 요한계시록, 우리가 '요~복
음!'을 통해서 같이 보고, 잘 보고, 또 나눠 듣는 시간 되었으면 좋겠
습니다. 오늘부터 2장을 함께 공부할까요?

박윤성 목사 네, 2장을 시작하겠습니다. 2장, 3장에는 우리가 잘 아는 일
곱 교회가 등장하는데, 이 일곱 교회에게 주시는 메시지를 보면 패

턴이 비슷합니다. 몇 가지 패턴을 보면, 첫 번째는 예수 그리스도가 어떤 분이신지 소개해 주는 장면이 나옵니다. 예수님의 소개는 그 교회의 형편에 적합한 모습입니다. 그리고 난 다음에는 칭찬이 있습니다. 예수님은 대부분의 교회를 먼저 칭찬하십니다. 그 다음에 책망하시는데 이것이 예수님과 우리의 차이점이라고 할 수 있습니다. 우리 부모들은 책망할 것을 먼저 책망하는 경향이 많은데 우리 주님은 그러지 않으셨어요. 칭찬 먼저 하시고 그 다음에 책망할 것을 책망하십니다. 그리고 경고의 말씀이 나오고, 그 말씀을 회개하고 깨닫는 자들에게는 상급을 주겠다고 말씀하십니다. 이런 패턴으로 일곱 교회에게 주시는 메시지들을 우리가 살펴볼 수 있습니다.

오늘은 2장 1절에서 7절까지의 말씀인데, 우리가 잘 아는 말씀입니다. 첫 사랑을 회복하라는 메시지인데, 에베소 교회에 대해서 살펴보도록 하겠습니다.

"에베소 교회의 사자에게 편지하라 오른손에 있는 일곱 별을 붙잡고 일곱 금 촛대 사이를 거니시는 이가 이르시되"(2:1).

박윤성 목사 "에베소 교회의 사자에게 편지하라" 에베소 교회가 제일 처음으로 나오죠. 그 이유가 있습니다. 에베소는 그 당시 소아시아에 있었던 교회 중에서 리더 역할을 했던 교회입니다. 특히 바울 사도가 선교할 때 센터 역할도 감당했고요, 나중에 사도 요한이 마지막으로 사역을 하는 목회지이기도 합니다.

뿐만 아니라 에베소는 지정학적으로도 아주 중요한데, 로마에서 밧모 섬을 거쳐서 소아시아로 들어올 때 에베소가 첫 항구가 됩니다. 계시록뿐만 아니라 서신서들, 요한서신, 목회서신들을 보면 대부분이 에베소를 중심 지역으로 간주하는 것을 볼 수 있습니다. 또 요한계시록이 쓰이기 약 40여 년 전에 바울이 여기서 3년 동안 사역을 했습니다.

에베소의 사회적 환경을 보면 인구가 225,000명 정도로 추산됩니다. 지금으로 봐서는 그리 큰 도시가 아니라고 생각할지 모르지만 고대 세계로 봐서는 큰 도시였습니다. 남자 시민만 적어도 40,000명, 종들과 여자들과 아이들을 다 합하면 약 225,000명 정도가 살았던 큰 도시가 바로 에베소였습니다.

진행자 꽤 큰 도시였던 것 같아요.

박윤성 목사 그렇죠. 당시로 봐서는 꽤 큰 도시였습니다. 이 에베소에 있는 에베소 교회에게 주님이 말씀하시는데, 아까 제가 말씀드렸다시피 예수님의 모습이 제일 먼저 나옵니다. 자신을 소개하시는 말씀으로 시작을 합니다. 그런데 1절 후반에 보면 "거니시는 이가 이르시되"라는 표현이 나오는데, 이것은 헬라 원문을 보면 '전능하신 주께서 이러한 것들을 말씀하시니라'라는 뜻입니다. 이것은 우리가 많이 듣던 표현법인데요, 구약 성경에서 하나님께서 예언자들에게 주셨던 메시지가 바로 이 표현법입니다. 그러니까 예수님의 말씀은 하나님의 권능을 가지시고 교회들에게 하시는 말씀입니다. 그러므로 에베소에 보낸 편지는 그냥 보통 서신서로서의 편지가 아니라 예언적인 메시지가 담겨져 있다는 것입니다.

또한, 예수님이 자신을 소개하시기를 일곱 교회를 붙잡고 일곱 금 촛대 사이로 다니시는 분으로 묘사를 하고 있습니다.

진행자 네, 어려운 표현 같아요.

박윤성 목사 그러나 이미 1장에서 우리가 배웠었는데요. 예수님이 일곱 별을 붙잡고 일곱 금 촛대 사이에 계시다고 했는데, 촛대는 교회였잖아요? 그러니까 예수님은 교회와 무관하지 않고 교회와 함께 계시고, 교회의 상황을 잘 알고 계시는 분입니다. 그래서 교회에게 말씀하시는 분이라고 알 수 있는 겁니다. 예수님은 늘 그 교회의 형편에 맞게 나타나시는 분이라는 것을 우리가 알 수 있습니다.

"내가 네 행위와 수고와 네 인내를 알고 또 악한 자들을 용납하지 아니한 것과 자칭 사도라 하되 아닌 자들을 시험하여 그의 거짓된 것을 네가 드러낸 것과"(2:2).

박윤성 목사 예수님은 당신의 모습을 보여준 다음에 칭찬하십니다. 저는 여기가 우리 부모들이 배워야할 중요한 점이라고 봅니다.

진행자 칭찬을 먼저, 책망은 나중에.

박윤성 목사 부모뿐만 아니라 교회에서도 마찬가지입니다. 우리 지도자들이 사실 눈에 보이는 것이 많으니까 지적을 많이 하는데 예수님은 그렇게 하지 않으셨어요. 칭찬을 먼저 하십니다. 에베소 교회가 잘한 것이 있었습니다. 그것은 교리적으로 잘못된 이단들을 잘 분별한 것입니다. 그리고 인내심이 있었어요. 그래서 예수님께서는 그것을 칭찬하고 계십니다.

에베소 교회가 이단을 잘 분별했던 모습을 보여주고 있습니다. 이단은 어떤 이단이냐면, 자칭 사도라고 말하는 사람들이 있었습니다. 이 사람들은 말하자면 사기꾼들이예요. 지금도 이단들이 자칭 보혜사, 재림예수 이렇게 이야기를 하는데, 2000년 전에 초대교회에도 이런 사기꾼들이 있었습니다. 자칭 사도라 하면서 에베소 교회의 교인들을 어렵게 하는 사람들이 있었습니다. 이 사람들은 12사도 이외에 야고보라는 다른 이름을 가진 사람도 있었고요. 실라, 안드리고, 유니아 이런 그룹의 사람들이었을 것으로 추정합니다.

비슬리 머레이(Beasley Murray)라는 학자가 있는데, 이분은 이런 이야기를 합니다. 신약성경에 계시록뿐만 아니라 다른 서신서도 보면 다른 사도, 사기꾼, 거짓 선지자들이 나오는데, 그들이 누구냐면 영지주의자들이었을 것으로 결론을 내립니다. 그래서 에베소 교회에도 자칭 사도, 거짓 선지자, 사기꾼들이 있었는데 에베소 교회는 이 사람들을 잘 구분할 줄 아는 교회였던 것입니다. 칭찬받을 만하죠. 이단을 잘 분별할 줄 아는 교회였습니다. 요즘에 이단이 많이 있는데 교회가 잘 분별을 못해서 빠지는 사람들이 있잖아요. 그런데 에베소 교회는 잘 분별할 줄 알았기 때문에 칭찬을 받고 있습니다.

"또 네가 참고 내 이름을 위하여 견디고 게으르지 아니한 것을 아노라"(2:3).

박윤성 목사 예수님이 또 칭찬을 해 주시는데요. 네가 참는데, 무엇을 위해 참았다고요? '내 이름을 위하여' 참았다고 하십니다. 에베소 교회가 칭찬받을 만한 또 한 가지는, 주님의 이름을 위해 받는 고난을 잘 참아냈다는 것입니다. 인내와 참는 것은 우리 신앙이 참되다는 것을 잘 보여주는 것입니다. 압제와 환난, 고통이 있었어도 그들은 잘 참아낼 줄 알았죠. 우리 인간이 개인적인 고난을 참아내는 것도 잘하는 일이지만 예수님의 이름을 위해, 주의 이름을 위해서 참는 것은 정말로 중요한 일입니다. 우리들도 교회에서 섬기고 봉사하는 일들이 많이 있는데 이것이 주의 이름을 위한 인내이고 참음이라고 생각할 때 우리가 능히 참아내야 합니다.

진행자 아멘

박윤성 목사 네, 그리고 4절을 보겠는데 문제가 좀 생겼어요. 예수님이 칭찬을 하시고 난 다음에 책망을 하십니다.

"그러나 너를 책망할 것이 있나니 너의 처음 사랑을 버렸느니라"(2:4).

박윤성 목사 책망할 것이 있나니 무엇을 버렸다고요?

진행자 처음 사랑.

박윤성 목사 처음 사랑을 버렸습니다.

진행자 첫사랑이네요.

박윤성 목사 네, 첫사랑입니다. 이것은 우리가 막연히 생각하는 첫사랑이 아니죠. 인간의 첫사랑이라기보다는 주님을 향한 첫사랑입니다. 에베소 교회는 사도의 가르침, 말씀을 잘 지켰어요. 이단도 분별을 잘 했습니다. 그런데 한 가지 문제는 첫사랑을 잃어버린 겁니다.

이 첫사랑은 두 가지로 볼 수 있습니다. 첫 번째는, 믿음을 세상 밖으로 증거하는 것, 증인의 역할을 감당하는 것을 말합니다. 왜냐하면 1절에 예수님이 일곱 금 촛대 사이로 거니시는 분이라고 했는데, 그 촛대 위에 촛불이 있지 않았습니까? 촛불은 세상을 향해서 빛을 발하는 역할을 하는 것이었는데 이것은 전도죠. 그리스도의 복음을 전하는 전도의 사명을 잃어버렸어요. 이것이 첫사랑을 잃어버린 첫 번째라고 볼 수 있습니다. 또 한 가지, 휴즈라는 학자는 이런 이야기를 합니다. 이 첫사랑이 식었다는 것은 경건이 감소했다는 뜻이라고 말합니다.

저는 첫 번째에 더 많은 비중을 두는데요. 왜냐하면 일곱 금 촛대 사이에 계시는 그리스도가 말씀하시기 때문입니다. 이는 촛대의 역할, 교회의 역할은 복음의 증거인데 이것을 교회가 잃어버렸다는 것입니다. 사실 이 에베소 교회는 교리적으로 탁월했습니다. 이단을 분별할 줄 알았고 또 시시비비를 따질 줄 알았어요. 그런데 그러다 보니까 무엇을 잃어버립니까? 증인의 사명을 잃어버립니다.

진행자 형식만 남은 것 같아요.

박윤성 목사 형식만 남았고, 교회가 분쟁, 다툼, 교리적 논쟁을 하다 보면 똑똑하기는 해요. 그런데 이 증인의 역할을 잃어버릴 경우가 많이 있습니다. 그래서 예수님께서 이 교회를 책망하시는 것이죠. 저는 개인적으로 이렇게 생각해 봅니다. 첫사랑을 회복하는 방법이 물론 5절에 나옵니다만, 또 한 가지가 있습니다. 다시 그리스도의 십자가와 그분의 무덤 앞으로 돌아가서 무릎을 꿇는 일이 그분을 향한 첫사랑을 회복하는 지름길이라고 생각합니다. 복음의 감격을 회복하는 길이라고도 생각해 볼 수 있습니다.

"그러므로 어디서 떨어졌는지를 생각하고 회개하여 처음 행위를 가지라 만일 그리하지 아니하고 회개하지 아니하면 내가 네게 가서 네 촛대를 그 자리에서 옮기리라"(2:5).

박윤성 목사 첫사랑이 떨어진 것을 책망하고 난 다음에 회복하는 방법도 알려 주십니다. 우리 주님은 매우 인자하신 분이시죠.

진행자 방법을 다 알려 주셨네요.

박윤성 목사 네, 아주 정확하게 알려 주셨죠. 5절에 보니까 "어디에서 떨어졌는지를 생각하고"라고 나와 있는데요. 우리 믿음은 잘 생각해야 됩니다. 하나님의 사랑과 은총을 말씀 속에서 묵상하고 생각하는 것이 대단히 중요합니다. 첫 번째로 '어디에서 떨어졌는지 생각'하고, 두 번째는 '회개하라', 세 번째는 '처음 행위를 다시 가지라'라고 말씀합니다. 복음을 증거하고 주님을 사랑하는 처음 행위를 다시 가지라고 해결 방법을 알려 주고 계십니다.

대부분의 학자들이 이런 이야기를 합니다. 계시록이 AD 97년경에

씌어졌기 때문에 에베소 교회의 구성원들을 신앙의 2세대 내지는 3세대 정도로 보고 있습니다. 바울 사도가 개척하고 복음을 전한 이후로 상당한 시간이 지났죠. 그러다 보니까 2세대, 3세대들이 똑똑하기는 해요. 성경을 알기는 알아요. 그런데 문제가 생긴 겁니다. 첫사랑을 잃어버린 거죠.

진행자 네.

박윤성 목사 대개 우리 부모님들은 믿음이 뜨겁고 열정적인데 자녀들은 모태신앙임에도 믿음이 미지근한 경우가 있습니다. 아마 그런 것을 생각하면 에베소 교회의 형편을 이해할 수 있을 것입니다. 그래서 우리 2세대, 3세대들도 다시 한 번 복음의 열정, 첫사랑을 회복하는 것이 대단히 중요합니다.

이 회복하는 방법을 본문에서 문법적으로 살펴 볼 필요가 있습니다. 3개의 명령형인데요. '생각하라', '회개하라', '행하라'입니다. '생각하라'라는 명령형은 현재형인데, 헬라어에서 현재형은 현재진행형으로 번역을 해야 합니다. 그러니까 기억하고 생각하는 것은 한 번만 하는 것이 아니고 지속적으로 하라는 말씀이에요. 그다음에 회개하라는 말은 부정과거형인데, 이것은 머뭇거리지 말고 긴급하게 회개하라, 회개를 미루지 말고 지금 하라는 겁니다.

진행자 바로 지금이네요.

박윤성 목사 미루지 말고 지금 회개하라는 것이에요. 그다음에 '행하라'는 말씀도 부정과거형 명령형인데, 과감하게 지금 바로 행하라, 그런 명령형을 여기 쓰고 있는 겁니다.

진행자 그러니까 생각하고 기억함은 지속하며, 회개와 행함은 바로바로, 그때그때, 즉시 하라는 말씀이군요.

박윤성 목사 미루지 말고 바로 행하고, 회개해야 한다는 것입니다. 본문의 요지는 바로 그것입니다. 에베소 교회가 회개하지 아니하고, 바로 행하지 아니하면 촛대를 그 자리에서 옮길 것입니다. 이 촛대는 교회와 교회의 사명을 말하잖아요. 교회가 복음을 전파하지 않고 경건의 능력이 떨어지면 촛대를 옮긴다는 표현을 쓰고 있지 않습니까? 이것은 교회뿐만 아니라 지역사회에게도 큰 어려움입니다. 교회가 진리의 빛을 비추지 못하게 되면 지역사회도 죽게 되는 것이죠.

감사하게도 에베소 교회는 이 책망과 경고의 말씀을 듣고 난 후 회개를 합니다. 역사적인 기록, 이그나티우스(Ignatius)라는 사람의 글을 보면 에베소 교회가 이 경고의 말씀을 듣고 회개해요. 감사한 일이죠. 그렇게 회개하는 반응을 보였다고 합니다.

"오직 네게 이것이 있으니 네가 니골라 당의 행위를 미워하는도 다 나도 이것을 미워하노라"(2:6).

박윤성 목사 니골라 당이라는 당이 나옵니다. 니골라 당에 대한 확실한 증거자료는 별로 없습니다. 그런데 버가모 교회에도 니골라 당이 있었습니다. 그러니까 니골라 당은 구약성경의 발람처럼 우상에게 드린 음식을 먹는 온갖 부도덕한 행위를 했던 당이라고 볼 수 있습니다. 두아디라 교회에서도 나오는데요. 거기에서는 이세벨의 행위라고 나오는데, 이세벨의 행위를 본 딴 것들, 우상숭배, 음란한 것들, 이러한 것들을 니골라 당, 이세벨의 행위, 발람의 교훈으로 계시록에서는 이야기합니다. 그러므로 이런 잘못된 사람들의 모습은 이단이라고 볼 수 있고, 우상숭배에 빠진 사람들이라고 볼 수 있습니다.

사도행전 15장에 보면 예루살렘 총회가 열리는데, 이방인들이 예수를 믿고 돌아오게 됐을 때 이방인들을 다 받아 주되, 하지 말아야 할 금지 사항을 몇 가지 이야기하죠. 우상제물과 피와 목매어 죽은 것들과 음행을 멀리하라고 예루살렘 총회에서 결의합니다. 이와 같이 이방인들이 예수를 믿었을 때 다 받아주되 우상숭배, 여기서 말하는 니골라 당, 발람, 이세벨의 교훈, 이런 것들은 멀리 해야 한다고 여기서 경고의 말씀을 주고 있는 겁니다.

이 에베소에 큰 신전이 있었거든요. 큰 여신 아데미 신전이 있었습니다. 세계 7대 불가사의 중 하나인 신전이죠. 이 아데미 신전에는 여자 사제, 남자 사제들이 수천 명이 있었습니다. 여기에서 우상숭배를 하면서 음란한 행위들을 했고, 뿐만 아니라 아데미 신전과 관련돼서 경제활동을 했습니다. 그러므로 교회도 이런 사회적, 종교적 환경의 영향을 받아서 니골라 당이라는 사람들이 들어왔던 것으로 보입니다.

"귀 있는 자는 성령이 교회들에게 하시는 말씀을 들을지어다 이기는 그에게는 내가 하나님의 낙원에 있는 생명나무의 열매를 주어 먹게 하리라"(2:7).

박윤성 목사 아멘. 이제 회개하고 돌이킨 에베소 교회에게 구원의 약속을 주고 계십니다. 마지막 권면의 말씀이 참 감사하죠. 우리 주님은 칭찬하셨고, 회개하라고 책망하셨고, 돌이키는 자들에게는 구원의 은총과 복을 약속해 주셨습니다. 여기 보면 "귀 있는 자들은 들을지어다"라고 했는데, 이것은 어디서 많이 듣던 말씀 아닙니까?

예수님이 비유의 말씀을 하시면서 주로 이런 말씀을 많이 하셨어요. "귀 있는 자는 들을지어다" 이 말에는 이중적인 의미가 있는데요. 들어서 회개하는 자에게는 축복이요 은총입니다. 그러나 들어도 거부하는 자들에게는 심판이죠. 이중적 기능이 있는 말씀입니다. 그래서 에베소 교회뿐만 아니라 우리 성도들은 주님의 경고의 말씀을 듣고 귀 있는 자들이 되어서 돌이켜야 합니다. 순종해야 합니다. 그렇게 했을 때 이기는 자들이 됩니다. 이단의 교주가 이기는 자가 아니에요. 우리 성도들도 말씀에 순종해서 말씀으로 회개하고 돌이키면, 그런 자들을 이기는 자들이라고 이야기합니다. 어떤 이단에서는 자기들의 교주를 이기는 자라고 말합니다.

진행자 그 사람만 이기는 자라고 현혹하는군요.

박윤성 목사 네, 그러나 우리 그리스도인 모두 다 이기는 자가 될 수 있습니다.

진행자 맞습니다.

박윤성 목사 그런 이기는 자들에게 주님이 주시는 복이 있습니다. 그것이 무엇입니까? 하나님의 낙원에 있는 생명나무의 열매를 주시리라. 생명나무 열매는 하나님의 용서의 그림이에요. 생명나무는 에덴동산에 있었던 나무 아닙니까? 그런데 회복되고 구원 받은 자들에게는 생명나무의 과실을 주어서 먹게 할 것입니다. 하나님과의 교제의 회복, 용서의 그림, 그리고 하나님과 가까이 함을 생명나무의 과실을 준다고 표현하고 있는 것입니다.

제가 퀴즈를 내겠는데요. 에덴동산이 더 좋을까요? 새 하늘과 새 땅이 더 좋을까요?

진행자 저는 새로운 게 더 좋지 않을까 생각하는데요. 더 보완해서 더 좋게 만들어주시지 않으셨을까요?

박윤성 목사 네, 그렇습니다. 에덴동산도 아주 보시기에 좋았는데요, 거기에는 타락이 들어왔었죠. 죄가 들어왔었죠.

진행자 맞습니다. 퇴출당하잖아요.

박윤성 목사 이기는 자들에게 생명나무의 과실을 준다고 했는데 새 하늘과 새 땅은 타락이 없고 죄가 없는 곳입니다.

진행자 너무 아름다울 것 같아요.

박윤성 목사 더 좋은 곳이죠.

진행자 그곳에 꼭 가서 생명나무의 열매를 함께 나누어 먹었으면 좋겠습니다.

박윤성 목사 네, 생명나무, 주님과 동행함, 주님과 함께 함, 우리를 용서하고 받아주심, 이런 것들이 생명나무를 주신다는 그림으로 우리에게 보여지고 있습니다.

이렇게 해서 에베소 교회에 주신 메시지를 우리가 정리해 봤는데요. 첫사랑을 회복해야 합니다. 그것은 바로 촛불, 촛대와 같이 빛을 발하고 사랑을 전하는 사명을 우리 교회가 감당하게 될 때 이기는 자들이 될 줄로 믿습니다.

진행자 아멘.

함께 이야기하기

1 여러분들은 처음 예수님을 믿을 때 가졌던 사랑을 지금도 가지고 있습니까? 주님을 사랑해서 만나는 사람에게 주님을 전하며 경건하게 살았던 모습을 지금도 가지고 계십니까? 여러분들의 처음 사랑의 모습을 설명해 보시고, 지금의 모습을 비교해서 말씀해 보십시오.

2 여러분 부모님 세대의 신앙의 모습과 여러분 세대의 신앙의 모습을 비교해 보시고, 그 차이점을 말해 보세요.

3 만일 여러분들의 처음 사랑이 식었다면, 어디에서 식었는지를 생각해 보시고, 그 해결 방법을 말해 보세요.

05. 죽어도 죽지 않는 사람들(2:8-11)

진행자 지난주에 우리가 요한계시록 2장 1절부터 7절까지 공부했습니다. 오늘은 본격적으로 2장 8절부터 은혜를 나눌 텐데요. 목사님, 지난주에 배운 에베소 교회에 대해서 정리를 부탁드려요.

박윤성 목사 네, 에베소 교회는 일곱 교회 중에서 첫 번째로 나온 교회였고, 지정학적으로나 교회의 상황적으로도 중요한 교회였습니다. 좋았던 교회가 첫사랑을 잃어버렸죠. 첫사랑을 잃어 버렸다는 것은 예수 그리스도의 복음을 증거하는 촛대의 역할을 잘 감당하지 못했다는 것이었죠. 주님께서 그것을 회개하고 회복하라고 명령을 하신 것입니다. 우리에게도 주 예수 그리스도의 복음을 증거하는 첫사랑의 회복이 필요하지 않을까 싶습니다.

진행자 목사님, 오늘 2장 8절부터 이야기가 어떻게 전개되는지 궁금한데요.

박윤성 목사 오늘은 2장 8절부터 11절까지의 말씀인데 서머나 교회에 대한 편지입니다. 여기 제목을 '죽어도 죽지 않는 사람들'이라고 붙일 수 있겠습니다. 일곱 교회에 대한 메시지를 볼 때 제일 중요한 것은 서론, 초반부에 나오는 예수 그리스도의 모습입니다. 예수 그리스도의 모습이 곧 그 교회의 형편에 맞게 나타나고 있습니다.

진행자 지난 번 에베소 교회 때도 "나는 ~이다."라는 말씀을 주시고 시작하셨는데 여기에서도 마찬가지네요.

박윤성 목사 마찬가지죠. 주님께서는 각 교회의 형편에 맞게 나타나시는 분이죠. 만약 우리 교회에 어떤 문제나 어려움이 있다면 예수님은 그런 모습으로 우리에게 나타나실 겁니다. 그러면 서머나 교회에 하나님께서 어떤 메시지를 주시는지 한 절 한 절 살펴보도록 하겠습니다.

"서머나 교회의 사자에게 편지하라 처음이며 마지막이요 죽었다가 살아나신 이가 이르시되"(2:8).

박윤성 목사 서머나 교회에 편지를 쓰는데, 서머나는 현재 터키의 이즈밀 지역입니다. 에베소로부터 북쪽으로 약 54km 떨어져 있는 항구 도시였죠. 서머나의 인구는 약 10만 명 정도로 추산된다고 합니다. 이곳은 과학과 의학의 중심지였고, 좋은 포도주가 많이 생산되던 곳이었으며, 산업이 발달한 부유한 도시였습니다.

서머나 교회를 살피기 전에 서머나 지역을 알 필요가 있는데요. 이곳은 고대 헬라 도시 중 하나였는데, 해안에서 내륙으로 3~4km 들어간 곳에 건설된 도시였습니다. 이 고대 서머나가 BC 600년경에 파괴됩니다. 파괴된 후 새롭게 건설되는데, 계시록이 쓰인 당시에는 해안 쪽으로 조금 나오게 됩니다. 서머나는 헬라 문화를 건설한 알렉산더 대제에 의해 계획된 계획도시인데, 알렉산더가 완성은 못 했고 그 이후에 후계자들이 이곳을 건설합니다.

그리고 또 하나 특별한 것은 BC 195년에 서머나에 로마 신전을 건설합니다. AD 26년이었는데, 아시아에 있는 11개 도시들이 로마의 티베리우스 신전을 건설하기 위해서 경쟁을 합니다. 마치 요즘에 올림픽을 유치하는 것과 같은 경쟁이 있었다고 합니다. 이때 11개 도시 중 서머나가 선정됩니다. 로마에 대한 충성심이 강했던 것이었죠. 이렇게 해서 서머나에 티베리우스 신전이 건설됩니다.

이런 측면에서 서머나는 중요한 도시 중의 하나였고, 앞에서도 말한 바와 같이 파괴되었다가 다시 건설된 도시라는 측면도 우리가 함께 이해해야 합니다. 8절을 보면 예수님께서 당신을 소개하실 때 "죽었다가 살아나신 이"라고 말씀하셨습니다. 이것은 서머나 지역과도 관계가 있는 이야기입니다. 서머나가 파괴되었다가 다시 건설된 도시라는 것을 우리가 이해한다면 예수님께서 당신의 모습을 왜 이렇게 표현하셨는지도 이해가 됩니다.

진행자 그 지역 사람들에게 가장 알맞은 모습으로 설명하시는 것 같아요.

박윤성 목사 그렇죠. 지금도 우리에게 그렇게 말씀하지 않을까 생각합니다. 또 중요한 것은 서머나 교회에 유명한 사람이 한 사람 있습니다. 폴리갑입니다. 폴리갑이라는 감독님이 계셨는데 이분은 요한계시록이 보내지고 약 20년 후쯤 AD 110년경에 이곳에서 사역을 하셨던 분입니다. 그리고 약 40년 후에 폴리갑이 순교합니다. 유명한 일화가 있죠. 예수 믿는 것을 부인하라고 했을 때 폴리갑이 이런 말을 합니다. "주님이 나를 86년 동안 도와주셨고 내가 주님을 섬겼는데 배반할 수 없습니다." 이렇게 말하고 폴리갑이 순교합니다. 이런 연대를 생각해 볼 때 거꾸로 계산을 해 보면 요한계시록을 써 보낼 때쯤인 AD 97년쯤에 폴리갑이 서머나 교회의 집사님 정도 되지 않았을까, 또는 그 교회의 회중 중 한 사람이었을 것이라고 추측해 볼 수 있습니다. 때문에 서머나 교회는 지정학적으로, 또는 교회사적으로 중요한 역할을 했다는 것을 알게 됩니다.

이때 주님께서 "처음이요, 나중이요, 죽었다 살아나신 이"라고 말씀하셨는데, 이 말씀은 2장 10절 이하에 서머나 교회가 핍박을 당하고 순교할 사람들이 나타날 것을 미리 보여주는 말씀입니다. 그래서 주님이 죽었다가 살아나신 것처럼, 그래서 부활의 주인이 되신 것처럼, 교회도 핍박이 있고 순교하는 이들이 있다 할지라도 살아날 것이라는 것을 미리 보여주는 메시지입니다.

진행자 그럼 아까 말씀해 주셨던 폴리갑의 순교도 이 말씀에 포함이 되었겠네요.

박윤성 목사 그렇죠, 연대적으로 조금 후대입니다만, 순교자들이 분명히 그 교회에 생길 것이라는 거죠.

진행자 미리 예언하신 거네요.

박윤성 목사 그럼에도 불구하고 주님처럼 부활하게 될 것을 보여주는 메시지입니다. 이와 같이 우리는 생명을 다스리시는 주님을 믿기 때문에 순교가 있어도 두려워하지 말고 그 환난을 잘 이겨내야 한다는 메시지를 서머나 교회에 보내고 있습니다. 만약 우리 주님이 우리 가정이나 교회에 나타나신다면 어떤 모습으로 나타나실까요? 우리 형편에 맞게 나타나시는 주님으로 인해 힘을 얻게 될 것입니다.

진행자 정말 한 번 생각해 볼만한 좋은 주제인 것 같아요. 지금 나의 처한 모습과 우리 교회를 지켜보시면서 주님께서 '나는 어떤 이다',

'나는 너에게 어떤 주다'라고 말씀하실지 묵상해 보시면 은혜가 될 것 같습니다.

박윤성 목사 네, 그렇습니다. 그럼, 이제 9절을 보겠습니다.

"내가 네 환난과 궁핍을 알거니와 실상은 네가 부요한 자니라. 자칭 유대인이라 하는 자들의 비방도 알거니와 실상은 유대인이 아니요 사탄의 회당이라"(2:9).

박윤성 목사 9절에 보면 예수님이 알고 있다고 말씀하십니다. 환난과 궁핍을 알고 있다고 하시죠. 예수님이 알고 계시는 이 앎은 그냥 연민하는 정도의 앎이 아니라 깊은 앎입니다. 서머나 교회가 잘 사는 동네였고 부유한 곳이었거든요. 그런데 그리스도인들은 주님으로 인해서 그 도시에서 쫓겨납니다. 경제적인 활동도 어렵게 됩니다. 그래서 가난하게 됩니다. 9절에서 "네 환난과 궁핍을 알거니와"라고 말씀하시듯이 환난과 가난이 연결되어 있죠. 주님을 믿는 믿음을 지키다가 환난을 당합니다. 그래서 가난하게 된 것이죠.

　이런 교회를 주님은 칭찬하십니다. 예수님께서는 칭찬이 먼저라고 그랬잖아요? 가난해진 성도들을 향해서 칭찬을 하시는데 뭐라고 칭찬을 하시냐면 "네가 부유한 자다."라고 하십니다. 영적인 부자를 말하는 것이죠. 물질적인 가난이 있다 할지라도 영적인 부자라고 주님이 칭찬해 주십니다. 뒤에 3장에는 라오디게아 교회가 나오는데 이곳은 반대죠. 물질적으로는 부유했는데 영적으로는 가난했어요. 그러니까 이 교회와 정반대의 모습을 보여주는 곳이 서머나 교회이죠.

일반적으로 2세기 초기까지는 소아시아에 있던 그리스도인들에게 큰 환난이 많지는 않았습니다. 로마인들에게 조금이나마 인정을 받았습니다. 로마 정부 당국이 유대인들에게 유화 정책을 펼쳤죠. 로마 당국은 유대교에 대해서는 일정한 부분 종교의 자유를 줍니다. 그들의 종교도 인정했습니다. 이것이 왜 중요한 이야기냐면 초대 교회가 시작됐을 때 로마 정부에서는 초대교회를 유대교의 한 분파 정도로 생각했어요. 유대인들에게 종교적 자유를 주었듯이 초대교회 초기에는 기독교인들에게 어느 정도 종교의 자유를 인정했습니다.

그런데 시간이 흐르면서 네로의 박해가 시작되면서부터 점점 핍박이 심해집니다. 그리스도인들을 의심하고 고발하는 핍박의 시기가 다가오게 되는 것이죠. 그래서 여기에서 보면 장차 받을 고난, 환난, 핍박에 대해서 이야기하고 있습니다. 9절 이하의 말씀을 보면 서머나 교회에 문젯거리가 있었는데 바로 유대인들이었습니다. 유대인들이 동족이었던 그리스도인들을 고발하기 시작한 것입니다. 그래서 요한은 "그들은 실상은 유대인들이 아니다. 사탄의 회당이다." 라고까지 이야기합니다. 왜냐하면 그리스도인들을 고발해서 그들이 환난과 순교를 당하도록 하는 고발자가 되기 때문입니다. 그래서 드디어 서머나 교회에 핍박과 환난이 찾아오는 것이죠.

그럼, 이제 10절을 읽어 보면서 어떤 어려움이 있었는지 살펴보도록 하겠습니다.

"너는 장차 받을 고난을 두려워하지 말라 볼지어다 마귀가 장차 너희 가운데에서 몇 사람을 옥에 던져 시험을 받게 하리니 너희가 십 일 동안 환난을 받으리라 네가 죽도록 충성하라 그리하면 내가 생명의 관을 네게 주리라"(2:10).

박윤성 목사 이와 같은 유대인들의 고발, 배신으로 인해서 서머나 교회는 큰 어려움을 겪게 됩니다. 심지어는 처형될 것이기 때문에 두려워하지 말라고 여기서 권면해 주고 있습니다. 우리 그리스도인들은 죽어도 살아날 수 있는 부활의 신앙이 있기 때문에 서머나 교회에게 큰 위안이 되는 말씀이 아니겠습니까? 여기에서 환난의 기간을 말하는데, 10일 동안 환난을 당할 것이라고 표현합니다. 계시록에 나오는 숫자는 숫자 그대로 풀면 곤란합니다. 의미가 다 있습니다. 그것은 구약 성경으로부터 가져온 것입니다. 혹시 구약에서 열흘간의 시험을 본 기억이 없습니까?

진행자 다니엘서에 나왔던 것 같아요.

박윤성 목사 그렇죠. 다니엘과 그의 친구들이 왕이 선택한 음식을 먹지 않겠다고 결정하죠. 그래서 시험을 해 달라 했는데 며칠 동안 했을까요?

진행자 열흘간이요.

박윤성 목사 맞습니다, 열흘입니다. 요한계시록에서는 다니엘서에 나왔던 열흘간의 테스트를 끌고 들어오는 겁니다.

진행자 이렇게 연결이 되는군요.

박윤성 목사 구약과 깊은 연관이 있죠. 다니엘과 세 친구가 왕의 식탁에 있는 음식을 먹지 않겠다고 결정합니다. 왜냐하면 왕의 식탁에 올라온 음식은 우상에게 먼저 바쳤던 음식이었거든요.

진행자 네, 제사 음식이니까요.

박윤성 목사 그렇죠. 그래서 다니엘과 그 친구들을 그것을 거부한 것이었습니다. 뿐만 아니라 고대 근동 지방에서는 왕과 함께 식탁에 앉는다는 의미는 왕에게 충성심을 보인다는 상징적 태도가 됩니다. 그러니까 이 유대 젊은이들은 자기들이 믿는 왕은 하나님이신데 그렇게 왕에게 충성을 보일 수가 없다는 신앙적 표현을 한 것입니다. 그래서 왕의 음식을 거부하면서 채식만 먹는 기간이 다니엘서에 나왔던 열흘이라는 기간입니다.

　사도 요한은 그의 독자들의 상황, 즉 서머나 교회의 상황과 다니엘서의 상황을 서로 비교 분석한 것입니다. 지금 서머나 교회의 교인들이 고발을 당해서 시저를 주로 고백해야 하는 상황이었습니다. 축제의 음식을 거부해야 하는 상황임을 잘 알고 있었습니다. 그래서 환난이 찾아온 것이죠. 그 환난이 10일이라는 것은 짧은 기간임을 말하는 것입니다. 잠시 잠깐 참아라, 그리고 다니엘서의 내용을 기억하라, 환난을 참아라, 이러한 메시지로 여기에서 열흘 동안 환난을 받게 될 것을 이야기하고 있습니다.

진행자 굉장히 함축적인 의미이자 장치인 것 같은데요. 그럼 목사님, 실질적으로 환난을 당했던 기간을 어느 정도로 보세요?

박윤성 목사 길지 않은 기간이었을 것으로 보는데요. 숫자적으로 며칠이라고 볼 수는 없겠고요. 네로 황제의 박해는 굉장히 깁니다. 그러나 하나님의 관점에서 봤을 때 그 시간은 짧은 시간입니다. 또 짧게 말하는 이유는 환난을 참으라고 격려하는 의미가 더 큽니다.

진행자 결국 끝이 있다고 느껴지네요.

박윤성 목사 그렇죠. 조금만 참으라는 것입니다. 그리고 그리스도와 함께 나눌 큰 영광은 천 년이라고 나중에 이야기를 해요. 얼마나 복된 말씀입니까? '환난은 짧다. 그러니 믿음으로 참아라. 그리스도와 함께 누릴 영광은 천 년이다. 긴 기간이다'라고 말씀을 하는 것이죠.

이와 같이 환난을 참는 자들에게는 생명의 관을 줄 것을 약속합니다. 영생의 상입니다. 생명의 관, 생명의 면류관을 받으리라 말씀하셨는데요. 미인 대회에 나가면 상으로 왕관을 받죠. 여기서 말씀하는 관은 그것과 비교가 안 됩니다. 우리가 이해할 수 있도록 말씀하신 거죠.

생명의 관이라는 것은 하나님의 생명을 말하는 겁니다. 하나님의 생명을 우리가 받게 될 것임을 이야기하는 것입니다. 이 땅에서의 관은 썩어지는 것이죠. 그러나 환난을 참고 믿음을 지킨 성도들에게 하나님의 생명, 영생의 상을 주실 것을 여기서 말씀하고 있습니다.

진행자 너무 멋있는 약속 같아요. 환난은 10일 동안이라는 짧은 기간이지만, 이것을 참고 죽도록 충성하면 우리가 받을 생명의 면류관은 감히 형용할 수 없는 큰 상이잖아요.

박윤성 목사 그렇죠. 그래서 서머나 교회에게 닥칠 환난을 하나님의 보상을 기대하면서 믿음으로 이기도록 말씀하고 있습니다. 오늘 우리 교회도 마찬가지라고 봅니다. 지도자, 또는 섬기는 분들이 힘들고 어렵게 사역을 감당하지만, 그것을 참고 견디고 믿음으로 감당하게 되면 하나님은 분명히 생명의 상을 준비하고 계시다는 사실을 믿었으면 좋겠습니다.

진행자 아멘.

"귀 있는 자는 성령이 교회들에게 하시는 말씀을 들을지어다 이 기는 자는 둘째 사망의 해를 받지 아니하리라"(2:11).

박윤성 목사 네, 여기에 또 보상이 나오죠. 지난 시간에도 배웠습니다만, 이기는 자는 특정한 한 인물이 아닙니다. 이것은 성도들이 믿음으로 이겨나갔을 때 성도들에게 주시는 하나님의 상급입니다. 특별히 이 기는 자들은 둘째 사망의 해를 당하지 않을 것이라는 약속을 주십니다. 이 말씀은 계시록 20장 14절 이하에 또 나오는데 유대인들에게는 둘째 사망이 또 있었습니다.

이 개념이 무엇이냐면, 첫째 사망은 육신적인 사망이고, 마지막 종말의 심판을 받아서 영원히 지옥 불에 떨어지는 것을 둘째 사망이라고 했습니다. 그런데 예수님이 8절에 이야기하셨듯이 죽었다가 살아나신 이, 부활하신 주님께서 이 믿음을 지킨 성도들에게 어떻게 지옥과 둘째 사망의 해를 당하게 할 수 있겠습니까? 우리 성도들에게는 둘째 사망이 없습니다. 지옥에 떨어지는 심판이 없음을 이야기해주는 말씀입니다.

그래서 우리 성도들은 두 번 죽는 사람들이 아닙니다. 우리는 그리스도 안에서 살아난 새 생명을 가지고 있는 사람들이기 때문에 오늘 말씀과 같이 둘째 사망의 해를 받지 않는 사람들이 될 줄로 믿습니다.

진행자 아멘

박윤성 목사 여기 본문에 10절과 11절의 약속, 환난을 참았을 때 "생명의 관을 주리라", 그리고 "둘째 사망이 없으리라"라는 말씀은 후반부인 20장에 가 보면 확장돼서 설명됩니다. 그러니까 계시록은 앞뒤가 짝이 아주 잘 맞죠. 앞에서 설명을 해 주고, 뒤에 가서 다시 한 번 강조하고 확장해서 설명해 주는 구조를 갖고 있습니다.

　서머나 교회를 향한 메시지는 믿음을 지키고 어려움을 겪으며 환난을 이겨냈던 성도들에게 생명을 주신다는 것이죠. 성경에서는 이 생명을 구원, 영생, 하나님 나라의 삶이라고 표현하고 있습니다. 하나님의 생명을 말하는 것이죠. 하나님의 생명으로 상급을 받고 둘째 사망으로부터 보호됨을 약속하고 있습니다. 그러므로 '환난이 있어도 참아라. 참는 것은 열흘이다. 숫자적 열흘이 아니라 짧은 시간만 참아라. 그때 하나님께서 우리에게 놀라운 생명의 관을 주실 것이다.'라고 약속하시는 말씀입니다.

진행자 저는 마치 러브레터를 읽는 것 같았어요.

박윤성 목사 네, 그렇군요.

진행자 주님께서 주의 이름으로 그것을 지키는 자가 궁핍함을 겪을 것도 다 아시고, 칭찬도 해 주시고 위로도 해 주시고, 또한 장차 받을 고난을 두려워하지 말라며 손잡아 주시는 따뜻한 느낌이 특히 2장 8

절부터 11절을 보면서 많이 들었습니다.

박윤성 목사, 오늘 2장 8절부터 11절 말씀을 통해서 적용해야 될 포인트, 최종 결론을 부탁드립니다.

박윤성 목사 네, 어려움이 있어도 믿음을 굳게 붙잡고 조금만 참으십시오. 하나님의 놀라운 은총을 경험하게 될 것입니다.

진행자 네, 오늘 이렇게 해서 서머나 교회를 향한 하나님의 사랑을 저희가 다시 한 번 만날 수 있었습니다. 감사합니다.

함께 이야기하기

1 본문의 말씀으로부터 배운바 그리스도는 어떠한 분이십니까? 여러분들이 그러한 그리스도를 믿을 때 달라질 부분은 어떤 것입니까?

2 우리가 신앙생활을 할 때, 어려움을 주는 사람이나 환경은 어떠한 것입니까? 여러분들에게 있어서는 믿음 때문에 손해를 보거나 어려움을 당하는 경우가 있습니까?

3 그리스도인에게 있어서 고난과 희생은 장차 받을 상급과 어떤 관계가 있습니까?

4 우리는 두 번째 사망의 해를 당하지 않는다고 말씀합니다. 영벌이 아니고 영생을 얻는 이 복음의 메시지를 전하고 싶은 마음은 없습니까? 생명의 면류관을 자랑할 사람을 찾아보시고 전도할 기회를 생각해봅시다.

06 죄에서 자유를 얻게 함은(2:12-17)

진행자 요한계시록 속에 하나님의 사랑과 예수 그리스도의 복음이 담겨 있다고 합니다. 그래서 함께 하는 '요~복음!' 시간입니다. 목사님, 오늘은 어떤 부분을 같이 공부할까요?

박윤성 목사 오늘은 계시록 2장 12절부터 17절까지의 말씀입니다. 버가모 교회에 주신 말씀을 함께 살펴보도록 하겠습니다. 앞서 우리가 살펴봤던 것 중에 에베소 교회가 있었는데 에베소 교회가 아시아의 뉴욕 정도 된다면, 버가모 지역은 워싱턴 정도 됩니다. 그 이유는 행정기관이 많이 있는 곳이었기 때문에 그렇습니다.

버가모의 역사적인 배경을 보면, 아탈루드(Attalud) 3세가 BC 133년에 자신의 왕국을 로마에 넘깁니다. 그렇게 그 지역이 로마의 영토가 되면서 자연적으로 지역의 수도 역할을 하게 됩니다. 버가모는 특별히 큰 아크로폴리스에 의해 통치되는 지역이었습니다. 아크로

폴리스는 해발 240m 정도의 언덕인데 이곳은 많은 신전이 군집해 있는 곳이었습니다. 당시에는 정치적인 것과 종교적인 것들이 항상 맞물려 돌아갔기 때문에 이 버가모에 많은 신전이 군집해 있었습니다. 이런 역사적, 종교적 배경을 가지고 버가모 교회를 한 번 살펴보도록 하겠습니다.

"버가모 교회의 사자에게 편지하라 좌우에 날선 검을 가지신 이가 이르시되 네가 어디에 사는지를 내가 아노니 거기는 사탄의 권좌가 있는 데라 네가 내 이름을 굳게 잡아서 내 충성된 증인 안디바가 너희 가운데 곧 사탄이 사는 곳에서 죽임을 당할 때에도 나를 믿는 믿음을 저버리지 아니하였도다"(2:12,13).

박윤성 목사 교회에게 주시는 메시지를 볼 때, 항상 주님의 모습이 먼저 등장한다고 했잖아요? 여기서는 주님이 좌우에 날선 검을 가지고 등장하고 계십니다. 그리고 13절에 보면 사탄의 권좌가 있는 곳이라고 이야기합니다. 그러니까 이 버가모 교회에 주시는 메시지는 강력하고 심각한 부분이 있어요. 죄가 퍼져 있다는 것을 우리가 추측해 볼 수 있습니다. 좌우에 날선 검을 가지신 그리스도께서는 심판자로 등장하고 계신 것이죠.

그런데 감사하게도 주님은 죄에 대해 심판을 하시기 전에 무엇부터 하시나요? 칭찬부터 하십니다. 이것이 주님의 아름다운 모습인데요, 교회가 잘한 일을 먼저 칭찬하십니다. 잘한 일이 무엇인가 하면, 핍박이 왔어도 믿음을 지켰습니다. 그리고 충성된 증인 안디바가 순교할 때도 믿음을 저버리지 않았다고 주님께서 칭찬해 주십니다.

앞선 서머나 교회에서도 사탄의 활동이 있었지만 버가모 교회에서도 사탄의 권좌, 사탄의 위가 있었던 모습을 보게 됩니다. 이는 사탄이 교회를 시험하고 있고, 어려움을 주고 있다는 것을 눈치 챌 수 있습니다. 특별히 버가모에는 신전이 참 많았는데, 로마의 황제 아우구스투스를 위한 신전이 있었습니다. 황제숭배의 중심지 역할을 했었습니다. 그래서 이 신전을 감독 신전이라고까지 불렀다고 합니다. 그러므로 그 지역의 사람들, 로마 사람들은 자부심이 대단했었죠. 정치와 종교의 중심지 역할 속에서 로마의 시저에게 공적인 충성을 나타내는 지역이었습니다.

황제숭배뿐만 아니라 이방 종교의 신전 또한 많이 있었습니다. 예를 들면 치유의 신이라는 뱀 신을 섬기는 아스클레피오스(Asclepius)라는 종교가 있었습니다. 이 종교의 상징이 뱀이었기 때문에 그 도시에는 뱀의 문장(emblem)이 걸려 있을 정도였죠. 이렇게 뱀 신을 섬기는 신전도 있었습니다.

또 요한이 말하는 사탄의 위가 있었다는 말씀은 신전이 여러 개가 있었음을 말해 줍니다. 제우스 신전, 아데미 신전, 데메테르 신전, 디

오니소스 신전 등 여러 가지 신전들이 종합적으로 있었습니다. 신전의 종합세트라고 할 수 있을 만큼 많은 신전이 있었죠. 그래서 사탄의 권좌, 사탄의 위가 그곳에 있었다고 말씀해 주고 있는 것입니다.

진행자 영적으로 굉장히 혼란한 지역이었던 것 같아요.

박윤성 목사 그렇죠. 그러나 그때 그 사람들은 그것을 좋아했기 때문에 종교적, 정치적으로 버가모는 유명한 곳이었어요. 특히 제우스 신전 같은 경우에는 원뿔 모양의 언덕 위에 큰 신전이 세워져 있었는데, 가로 37m, 세로가 34m 정도의 큰 신전으로 언덕 위에 세워져서 도시를 내려다보는 모습을 하고 있었습니다.

이런 환경을 염두에 두고서 그리스도께서 검을 가지고 계셨다는 말씀을 다시 한 번 보겠는데요. 이 말은 심판을 준비하고 계신 것을 보여주고 있는 것입니다. 버가모 교회에 핍박과 어려움을 잘 견뎌내면서도 배교한 사람들이 있었거든요. 신앙을 저버린 사람들에 대한 심판을 말씀하시고, 두 번째는 사탄의 센터 역할을 했던 사탄의 권좌로 상징되는 이방 신들과 로마 정부에 대한 심판이 있다는 것을 보여주기 위해서 그리스도의 검을 여기서 말씀하고 있는 것입니다.

13절에서 충성된 증인 안디바를 칭찬하고 있습니다. 안디바는 순교당해서 죽지요. 그런데 원문에 보면 소유격이 두 번이나 나옵니다. "나의 충성된 나의 증인"이라 말씀합니다. 그러니까 이 말씀은 안디바가 주님께서 귀하게 인정하는 신실한 증인이었다는 것을 보여줍니다. 예수님이 정말 충성된 증인이시지 않았습니까? 마찬가지로 안디바도 충성된 증인으로 살다가 순교합니다. 우리는 여기서 아주 중요한 교훈을 얻을 수 있습니다. 주님처럼 우리도 충성된 증인의 삶을 살아가야 합니다. 이렇게 버가모 교회에게는 칭찬할 만한 일들이 있었어요. 그러나 또한 문제도 있었습니다. 이제는 그러한 문제에 접근하기 시작합니다.

> "그러나 네게 두어 가지 책망할 것이 있나니 거기 네게 발람의 교훈을 지키는 자들이 있도다 발람이 발락을 가르쳐 이스라엘 자손 앞에 걸림돌을 놓아 우상의 제물을 먹게 하였고 또 행음하게 하였느니라"(2:14).

박윤성 목사 칭찬을 먼저 하신 주님께서 이제는 책망 받을 두어 가지 일들을 말씀하고 있습니다. 이 버가모 교회는 외적인 핍박은 잘 견뎌냈습니다. 그래서 예수님의 칭찬을 받지 않았습니까? 그런데 내부적으로 문제가 생깁니다. 그 내부적인 문제가 무엇이냐면 14절에 나와 있죠. "발람의 교훈을 지키는 자들이 있도다" 이 발람은 이스라엘 백성들이 출애굽 할 때 광야에서 있었던 사건을 기억나게 하죠. 민수기 22장에 나오는 내용인데, 발람이 이스라엘 백성들에게 우상숭배를 하도록 타협을 시킨 사건이 있습니다. 그래서 이스라엘 백성들이 행음하고 부도덕한 일들을 행하면서 많이 죽게 되는 사건이 있었죠. 바로 그것을 기억나게 하면서 버가모 교회 안에도 그런 내적인 타협, 즉 우상숭배의 타협이 들어오게 되었다는 것을 보여주는 것이죠.

여기에 "걸림돌을 놓아 우상의 제물을 먹게 하였다"라고 표현하고 있는데, 아주 독특한 표현입니다. 민수기에서도 이런 내용이 나왔는데요, 두아디라 교회도 역시 이러한 걸림돌, 우상숭배의 문제에 빠지게 됩니다. 이 문제가 무엇이냐면 1세기 당시 로마 제국 안에서 살아가고 있던 사람들은 시저에게 공적인 존경, 공경의 표시를 해야 했습니다. 그리고 이방 축제에 참여해야 했습니다. 그리고 장사를 하는 사람은 그 당시 협동조합 형태였던 길드 조직체에 들어가 거기에서 이방 신에게 절하고 숭배해야만 물건을 떼어 올 수가 있었습니다. 길드 조직체는 길드의 초기 형태라고 보시면 됩니다. 그러다 보니까 예수 믿는 사람들이 경제활동을 하기가 참으로 어려운 상황이 됩니다. 이러한 상황 속에서 그만 타협하는 그리스도인들이 생기게 된 것이죠. 먹고 살려니까 할 수 없다고 하면서, 하나님도 섬기고 이방 신에게도 절하면서 물건을 떼어 오는 사람들이 생기게 된 것입니다. 이러한 상황을 요한은 발람이 우상숭배의 걸림돌을 놓았다고 여기에서 말씀하고 있습니다. 타협함으로, 성적으로, 영적으로 올무에 빠진 사람들이 있었다고 책망하는 것을 볼 수 있습니다.

여기에 보면 '행음'이라는 단어가 나오는데요. 14절에 "행음하게 하였다"라는 표현이 나옵니다. 구약성경에서는 문자적으로 진짜 행음한 사람들이 있었고요, 상징적, 영적인 의미로 이방 신들을 섬기는 것을 행음이라고 표현하기도 했습니다. 계시록에 나오는 이 버가모 교회는 육체적인 것이라기보다는 하나님을 섬기면서도 이방 신들에게 절하고 숭배하는 영적인 의미의 음행을 행한 것을 지적하고 있는 것입니다. 그러니 정말 책망 받을 만한 일이 발생한 것이죠.

"이와 같이 네게도 니골라 당의 교훈을 지키는 자들이 있도다 그러므로 회개하라 그리하지 아니하면 내가 네게 속히 가서 내 입의 검으로 그들과 싸우리라"(2:15,16).

박윤성 목사 발람의 교훈을 이야기하다가 15절에서는 니골라 당이 나와요. 니골라 당은 무엇일까요? 니골라 당 역시 이방 종교와 타협하도록 만든 거짓 교사들이라고 볼 수 있습니다. 발람의 교훈과 마찬가지로 니골라 당도 역시 음행, 우상숭배에 빠지도록 하는 당이었습니다. 그런데 어떤 학자들이 이야기하기를 이 니골라와 발람의 원어적인 뜻이 비슷하다고 합니다. 니골라는 '그가 백성을 정복했다'라는 뜻이 있고 발람은 랍비 문학에 보면 '백성을 다스리는 자'라는 뜻이 있어요. 그러니까 니골라와 발람의 어원을 살펴보면 이름은 다르지만 본질적으로 같은 당이라고 볼 수 있겠죠. 백성을 정복해서 그들로 하여금 음행과 우상숭배에 빠지게 했던 당을 니골라와 발람이라고 이야기합니다.

다시 구약 민수기로 돌아가 보면 발람이 이스라엘을 우상숭배에 빠지게 하면서 주의 사자의 검에 의해서 죽임당할 것을 위협받았었습니다. 지금 버가모 교회 역시 우상숭배에서 벗어나지 않으면 검에 의해서 심판받게 될 것이라는 것을 보여주고 있습니다. 그러므로 좌우에 날선 검을 가지신 주님이 나타나신 이유는 우상숭배와 타협에서 벗어나 회개해야 한다는 것을 우리에게 교훈하기 위해서라고 할 수 있습니다.

진행자 상상하면서 이 상황을 지켜보니까 얼마나 이것을 경계하라 말씀하시는지 느껴집니다. 좌우에 날선 검을 들고 서 계신다고 생각만 해 봐도 영적으로 혼탁해지면 안 되겠다, 행음을 해서는 안 되겠다는 생각이 들어요. 지금 우리를 교훈하고 계시는 것 같습니다.

박윤성 목사 네, 이렇게 좌우에 날선 검, 때로는 질투하시는 하나님이 나타나는데 그것은 무서운 경고의 말씀이기도 하지만, 동시에 역으로 생각하면 하나님이 우리를 그렇게 사랑하신다는 말씀이기도 합니다.

진행자 네, 질투하실 만큼 사랑하시는 거죠.

박윤성 목사 얼마나 사랑하시는지요.

진행자 강렬한 사랑이네요.

"귀 있는 자는 성령이 교회들에게 하시는 말씀을 들을지어다 이
기는 그에게는 내가 감추었던 만나를 주고 또 흰 돌을 줄 터인데
그 돌 위에 새 이름을 기록한 것이 있나니 받는 자 밖에는 그 이름
을 알 사람이 없느니라"(2:17).

박윤성 목사 참 감사한 말씀이죠. 비록 잘못했어도 회개하고 돌이키는
자들에게는 말씀에 상급이 있어요. 우리 주님은 우리에게 분명히 경
고도 하시지만, 회개하고 돌이키는 자에게는 놀라운 상급을 예비하
고 계십니다. 이기는 자에게 주시는 상급은 "감추었던 만나"입니다.
이 만나는 발람의 사건이 있을 때 광야에서 먹었던 것 아니겠습니
까? 그뿐만 아니라 유대인들은 만나에 대한 소망이 있었어요. 이것
을 하나님 나라에서 다시 공급받게 될 것이라는 기대감이 유대인들
에게 있었습니다.

진행자 네, 정말 최후의 상급 같은 느낌인가 봐요.

박윤성 목사 네, 그렇지요. "숨겨진 만나"라고 이야기를 했는데요, 유대
인의 전통을 보면 성전이 파괴될 때 예레미야에 의해서 만나가 금
항아리에 감춰졌다고 합니다. 메시아 시대를 위해서 저장되었다가
메시아 시대 때 그 감추었던 만나를 다시 먹게 될 것이라는 기대가

있었어요. 이런 것들을 같이 기억나게 하는 말씀일 수 있습니다.

감추었던 만나가 무엇이겠습니까? 그것은 바로 그리스도께서 주시는 생명의 양식입니다. '그리스도와 함께 함', '그리스도와의 교제'를 말하는 것입니다. 우리가 육신적인 떡과 만나를 먹는 것만 생각하면 안 되겠습니다. 이 의미는 그리스도와 함께 함, 주님과 함께 교제하는 것을 우리에게 말씀해 주고 있습니다. 이와 같이 회개하는 자에게는 숨겨진 만나를 주셔서 주님과 교제하는 은총을 주십니다.

또 한 가지 은총이 있습니다. 이기는 자에게는 흰 돌을 주시겠다고 약속을 합니다. 이 흰 돌에 대한 해석이 여러 가지 있는데 보편적인 해석은 이렇습니다. 고대에 재판을 할 때 배심원들이 무죄를 선고하면 흰 돌을 들어 보였습니다. 그리고 유죄일 때는 검은 돌을 들어 보였습니다. 뿐만 아니라 이 돌이 공적인 축제나 왕족 회의에 들어갈 때 티켓과 같은 역할을 했었습니다. 이런 관점에서 보면 회개하고 돌이키는 자들에게는 주님이 만나를 주십니다. 뿐만 아니라 흰 돌을 주십니다. 이 의미는 그리스도의 어린 양의 혼인 잔치에 들어갈 자격을 주신다는 말씀입니다.

진행자 증표 같은 것이군요. 티켓.

박윤성 목사 입장권이에요, 입장권.

진행자 허락받은 자네요.

박윤성 목사 회개하고 주님께로 돌이킨 자들에게는 메시아의 축제, 어린 양의 혼인 잔치에 들어갈 수 있는 자격을 주시겠다는 말씀입니다. 그런데 또 더 놀라운 은혜가 있어요. 흰 돌 위에 새 이름을 기록해 주리라. 참 은총의 말씀입니다. 이 새 이름은 어떤 이름이냐면 승리하신 그리스도의 이름입니다. 성경에서 '하나님이 이름을 알려주셨다, 그리스도의 이름을 기록해 주셨다'는 표현이 나오는 것은 그분의 성품과 그분의 힘을 주시겠다는 말씀이에요. 그리고 그분을 깊이 알아 감을 말하는 것입니다. 즉 가까운 관계임을 말하는 것입니다. 그러니까 우리가 흰 돌 위에 그분의 이름을 받는다는 말씀은 '그리스도를 알아감', '그분의 성품을 나누어 가짐', '그분의 힘을 공급받음'이라는 뜻이니 얼마나 좋은 일입니까?

진행자 자녀 된 특권으로 저는 이해가 돼요.

박윤성 목사 그렇지요. 자녀에게만 주시는 새로운 이름이 되겠습니다. 그러므로 이 버가모 교회가 지금 내적으로 우상숭배와 어려움에 닥쳐 있었고 그로 인해 책망을 받았지만, 회개하고 돌이키게 될 때 그리스도의 혼인 잔치에 들어갈 수 있는 자격을 주시는 것입니다. 그리스도의 이름, 그분의 영광과 능력을 다시 회복시켜주실 것임을 약속하시는 말씀입니다.

우리 모두도 이러한 은총의 사람들이 되었으면 좋겠습니다. 주님이 우리를 자격 있는 자로 받아주시고, 그분의 성품과 능력을 우리에게 부어주셔서 그분의 것으로 만들어 주십니다. 그분의 성품과 능력을 우리의 것으로 쓸 수 있도록 하는 것이 바로 구원이며 하나님의 놀라운 은총이 아니겠습니까?

진행자 오늘을 살아가는 우리에게 적용하면 좋을 한 줄 결론, 어떻게 정리하면 좋을까요?

박윤성 목사 네, 타협하지 말라는 것입니다. 하나님도 믿고 돈도 믿고 다른 믿을 만한 것들도 믿는 타협하는 신앙을 버려야만 합니다. 오직 주님을 사랑하고 순수한 믿음을 지키게 되면 놀라운 주님의 이름과 성품을 우리가 받게 될 줄로 믿습니다.

진행자 네, 감사합니다. 지난번 에베소, 서머나에 이어서 오늘 버가모 교회까지 만나봤는데요. 오늘도 마찬가지로 주님이 어떤 분인지 소개를 하십니다. 그리고 위로를 하시고, 그 지역의 사람들을 칭찬하시되 책망과 그에 따른 상급을 말씀해 주시며 위로해 주십니다. 우리의 부족함과 잘못을 아시니 "너희가 이렇게 고쳐 살아라. 회개하고 돌이켜라."라는 말씀을 오늘을 살아가는 우리에게 주신 것이 아닐까 생각합니다.

함께 이야기하기

1 주님이 여러분들의 모습과 형편을 어느 정도 아신다고 생각하십니까? 주님의 아심에 우리는 어떻게 반응해야 하겠습니까?

2 하나님 앞에서 지은 죄들이 간과될 수 있다고 생각하십니까? 그렇지 않다면, 그 죄의 문제를 어떻게 해야 하겠습니까?

3 여러분들의 삶에서 주님도 섬기고 다른 주도 섬기는 타협하는 부분이 있다면, 그것은 어느 것입니까? 여러분의 삶을 돌아보고 이야기해 보세요.

4 예수를 믿고 사는 것이 어떤 때는 손해를 보는 것처럼 보이기도 합니다. 그런데 주께서 이런 자들에게 준비하신 상급은 어떤 것입니까? 이런 상급이 기다리고 있음을 알 때, 여러분의 믿음은 어떻게 달라질 것이라고 생각합니까?

07 현실에 타협하지 말라(2:18-29)

진행자 '요~복음!' 계시록에 하나님의 사랑과 예수 그리스도가 어떻게 나타나 있는지 이 시간을 통해서 공부해 보도록 하겠습니다. 목사님, 오늘은 몇 장 몇 절인가요?

박윤성 목사 네, 오늘은 2장 18절부터 29절 말씀입니다. 두아디라 교회에 보내는 편지를 살펴보도록 하겠습니다. 일곱 교회 중에서 오늘은 두아디라 교회에 오게 됐습니다. 먼저 두아디라 지역을 이해해야 두아디라 교회에 보낸 메시지를 잘 이해할 수 있기 때문에 역사적 배경을 먼저 살펴보도록 하겠습니다.

두아디라 지역은 알렉산더 대왕의 신하였던 셀레쿠스 니카톨(Seleucus Nicator)이라는 사람이 건설했습니다. 이 사람이 건설하고 난 다음에 자기 딸의 이름을 따서 성의 이름을 두아디라라고 짓습니다. 그렇게 로마의 속국으로 있다가 BC 189년에 로마에 병합이 됩니다.

두아디라는 정치적으로나 군사적으로 중요한 도시는 아니었지만, 이 도시에 한 가지 큰 특징이 있었습니다. 그것은 상업이 발달한 도시였다는 점입니다. 상업이 발달하다 보니 장인과 상인이 많이 있었습니다. 그곳의 산업을 살펴보면 빵 굽기 산업이 발달해 있었습니다. 소아시아 지역은 밀이 참 좋거든요. 그래서 빵 굽기 산업이 발달해 있었고 염색, 가죽, 의복, 요업, 구두 만들기, 또 노예 거래 등등 여러 직종의 상업이 발달합니다. 상업이 발달하면서 그 지역의 길드 조직체가 형성되게 됩니다. 말하자면 협동조합이죠. 특별히 사도행전 16장에 보면 자주 장사 루디아가 나오는데 이 자주 장사 루디아가 두아디라 출신이었습니다. 이와 같이 상업과 여러 장인이 많이 있던 곳이 두아디라였습니다.

이렇게 경제적으로는 발전을 했는데 문제가 한 가지 있었습니다. 사실 믿지 않는 사람들에게는 문제가 되지 않았지만, 우리 그리스도인에게는 큰 문제로 다가오게 됩니다. 왜냐하면 이 길드 조직체, 협동조합에 들어가야만 물건을 떼어 와서 장사를 할 수 있었기 때문입니다. 길드 조직체에 들어가면 거기에서는 우상에게 절하는 일, 우상을 숭배하는 일, 음식을 함께 먹는 일, 방탕한 일, 때로는 음탕한 일까지도 조직체 안에서 함께 했던 것을 기록으로 볼 수 있습니다. 그러다 보니 예수 믿는 사람들은 큰 어려움을 겪게 되는 것이었죠. 이것이 당시의 사회적, 종교적 환경이었습니다.

이제 두아디라시의 환경, 배경을 이해하고 본문으로 들어가 보도록 하겠습니다.

"두아디라 교회의 사자에게 편지하라 그 눈이 불꽃같고 그 발이 빛난 주석과 같은 하나님의 아들이 이르시되"(2:18).

박윤성 목사 이 18절 말씀에서 예수 그리스도를 소개하는 장면이 먼저 나오죠. 일곱 교회의 서론 부분에는 인자와 같은 이, 예수 그리스도의 모습을 우리에게 보여줍니다. 예수님의 모습을 볼 때 이 교회에게 하시고자 하는 메시지를 어느 정도 눈치 챌 수 있습니다.

진행자 눈이 불꽃같다는 것이 예사롭지 않습니다.

박윤성 목사 네, 심판하시는 예수님의 모습을 여기서 추측해 볼 수 있습니다. 여기에서 그리스도는 자기를 신적인 심판자로서 말씀하고 계십니다. 여기에 보면 "하나님의 아들이 이르시되"라는 표현이 나오는데요. 이것은 앞서 나온 '인자'라는 말씀에 대한 해석입니다. 하나님의 아들은 곧 인자라고 볼 수 있습니다. 이렇게 하나님의 아들, 인자이신 그리스도께서 불꽃같은 눈을 갖고 계십니다. 빛난 주석 같은 발을 가지고 계십니다.

여기 불꽃과 빛난 주석에서 기억나는 장면이 있는데요. 다니엘서

3장에 보면 다니엘과 그의 세 친구가 풀무 불에 던져집니다. 그 풀무 불에서 그들이 살아나오게 됩니다. 그 풀무 불 안에 인자 같은 이, 하나님의 아들 같은 이가 등장하셔서 그들을 구원해 주셨잖아요? 거기에서 요한이 착안한 겁니다. 그래서 불꽃같은 눈을 가지셨고 빛난 주석 같은 발을 가지신 인자 같은 이, 그리스도께서 다니엘과 세 친구를 구원해 주셨듯이 영적으로 어려움과 박해를 당하고 있는 교회들도 구원해 주실 것이라는 의미로 그리스도의 모습이 여기에 등장하는 것입니다.

그러니까 주님의 모습이 참 중요한데, 성도와 교회를 구원해 주실 분이신 동시에 심판자의 모습으로 나타난다는 것을 여기서 잊지 말아야 합니다. 특히 신약성경에서는 하나님의 아들과 인자라는 단어가 번갈아 가면서 쓰입니다. 상호 교호적으로 쓰입니다. 이것은 바로 인자는 하나님의 아들이고, 하나님의 아들은 곧 인자라는 다니엘서 3장과 7장의 내용을 통합해서 말씀하는 것입니다.

또 놀라운 것은 시편 2편과도 연관이 있습니다. 시편 2편은 메시아 시편이거든요. 메시아가 오셔서 다스리심을 시편 2편이 이야기하는데, 다니엘서의 말씀과 시편 2편이 다 연결됩니다. 요한은 요한계시록을 쓰면서 구약성경을 철저하게 가지고 오죠. 구약에서 예언되었던 인자, 신의 아들 같은 분, 그분이 바로 메시아 예수 그리스도라는 것을 우리에게 분명히 알려주고 있습니다. 그래서 두아디라 교회에 나타난 예수님은 구원자요, 또 한편으로는 심판자로서 등장하는 것을 우리가 알 수 있습니다.

주님의 모습이 나오고 난 다음에 나오는 것은 칭찬이죠. 19절이 칭찬의 내용입니다.

"내가 네 사업과 사랑과 믿음과 섬김과 인내를 아노니 네 나중 행위가 처음 것보다 많도다"(2:19).

박윤성 목사 주님은 어김없이 이 교회를 먼저 칭찬하십니다. 정말 감사한 일이죠. 우리가 때로는 범죄하고 때로는 연약해도 칭찬할 거리를 찾아서 칭찬해 주시는 주님을 여기서 만날 수 있습니다. 우리 목회자들, 부모들이 이것을 많이 배워야 한다고 생각합니다.

진행자 혼내기 전에 '이것은 잘했다'라고 하시는군요. 하지만 뒷부분은 어떻게 나올지 궁금해지는데요.

박윤성 목사 먼저 칭찬을 해주면 잘 듣거든요. 19절에서 주님이 칭찬하기 시작하십니다. 첫 번째로 나오는 칭찬은 사업입니다. "네 사업을 내가 알고 있다"라고 하십니다. 사업은 봉사나 장사가 아닙니다. 이 사업은 세상을 향해 그리스도를 증거하는 것을 말합니다. 영어로는 'works'라고 번역합니다. 그리스도를 세상 속에 증거하는 일을 잘했다는 것입니다. 그리고 "사랑과 믿음과 섬김과 인내를 아노니", 이렇게 나옵니다. 특별히 인내와 믿음이 함께 나오고 있는데요, 환난과 어려움이 있어도 예수 그리스도를 세상 속에 잘 드러냈던 이들의 모습을 이야기할 때 이런 표현을 씁니다.

진행자 그런 칭찬을 우리도 다 받으면 좋겠습니다. 인내와 믿음이 있다고요.

박윤성 목사 네, 어려워도 인내하고 믿음을 지켜서 그리스도를 드러내는 우리의 삶이 되어야겠습니다. 그런데 두아디라 교회가 조금 다른 점은, 에베소 교회는 첫사랑이 좋았거든요. 반면에 뒤에 문제가 있었잖아요. 첫사랑을 잃어버렸던 에베소 교회를 봤는데, 두아디라 교회에게 하는 칭찬은 좀 더 좋은 칭찬이에요. "네 나중 행위가 처음 것보다 많도다"

진행자 반대네요.

박윤성 목사 네, 반대입니다. 갈수록 그리스도를 증거하는 일, 믿음으로 인내하는 일이 더 커졌던 교회라고 볼 수 있습니다. 그러니 칭찬을 받을 만하겠죠. 주님이 칭찬하시고 난 다음에 책망거리가 나오는데 그 전에 상급을 설명해 드리도록 하겠습니다. 잘한 사람에게 주시는 상급이 있는데요. 26절, 27절, 28절에 나오거든요. 주님께서는 이기는 자, 말씀을 지키고 회개하는 자들에게는 상급을 주십니다. 26절에는 만국을 다스리는 권세, 우리가 왕 같은 제사장으로 부름 받아서 만국을 다스리는 권세를 주시겠다고 말씀하고 계십니다.

두 번째 상급은 28절에 나오는데 새벽별을 주시겠대요. 뒤에 설명하겠습니다만, 새벽별은 영원성을 말합니다. 영원히 멸망하지 않고 별과 같이 빛나는 영원성을 상징하는 새벽별을 주시겠다고 상급을 이야기해 주십니다. 그러니까 이기는 자들에게는 '만국을 다스리는 권세'와 함께 '영원히 빛나는 새벽별'을 주리라고 약속하고 계신 것입니다.

진행자 저희가 칭찬과 상급까지 들었습니다. 그다음에는 기다려야 하는 책망에 대해서, 마음이 무거워지지만 알아야겠죠. 타산지석으로 삼고 싶습니다.

박윤성 목사 이제 주님께서는 칭찬하시고 난 다음에 20절에 책망할 것을 이야기하십니다.

"그러나 네게 책망할 일이 있노라 자칭 선지자라 하는 여자 이세벨을 네가 용납함이니 그가 내 종들을 가르쳐 꾀어 행음하게 하고 우상의 제물을 먹게 하는도다"(2:20).

박윤성 목사 책망거리를 말씀하시는데 이세벨, 즉 여자 거짓 선지자가 있었습니다. 버가모 교회를 이야기할 때는 발람의 교훈, 니골라 당의 교훈이 나왔었습니다. 아마 이 사람들은 남자 거짓 선지자들이 아니었을까 싶은데, 두아디라 교회에서는 이세벨이라고 이야기합니다. 그러니까 여자 거짓 선지자가 분명히 있었을 것입니다.

이 이세벨은 우리가 잘 알고 있듯이 구약에서 아합 왕의 부인이었죠. 아합 왕의 부인이었던 이세벨이 우상숭배의 앞잡이 노릇을 합니다. 그래서 이스라엘을 우상숭배에 빠지게 하고, 타협하게 하고, 그들로 하여금 범죄 하게 만들었던 이세벨 사건을 잘 알고 있죠? 그것을 가지고 와서 두아디아 교회 안에도 그런 여자 선지자가 잘못된 가르침으로 교회를 어지럽히고 있다는 것을 이야기하고 있습니다.

그리고 계시록에 나오는 이세벨, 발람, 니골라 당은 이름은 달리 나왔지만 한 마디로 이야기하면 우상숭배에 빠뜨리는 거짓 선지자들입니다.

진행자 특이한 것은 각 교회마다 거짓 선지자들이 우매한 백성을 유혹하고 있습니다.

박윤성 목사 자의적으로 성경을 해석하는 자들이 생겨났던 것입니다. 구약의 이세벨이 아합과 이스라엘을 타협하도록 만들었죠. 바알을 섬기도록 해서 간음하도록 했습니다. 열왕기상 16장과 21장에 나오는 말씀인데, 비슷하게 이 두아디라 교회의 거짓 교사들도 역시 우상승배에 빠지도록 만들었던 것입니다. 말씀에 보면 "내 종들을 가르쳐 꾀어 행음하게 하고 우상의 제물을 먹게 하는도다"라고 나옵니다. 2장 14절과 20절에 동일하게 나오는데 바로 우상숭배를 함으로 타협하게 하는 정황을 여기서 볼 수가 있습니다.

아까 초반부에 이 두아디라 교회가 상업이 발달했고 상업협동조합(길드)의 중심지라고 말씀드렸는데요, 바로 이것과 연관이 있는 것입니다. 그때 그리스도인들이 장사를 하려면 적어도 하나 이상의 길드 조직체에 들어가야만 했습니다. 모든 길드는 그 안에 수호신을 갖고 있었어요. 거기 갈 때마다 이방 신들을 경배해야 했고 부도덕한 일들이 동반된 축제에도 함께 참여해야만 했습니다.

진행자 어쩔 수 없이 장사를 위해, 먹고 살기 위해 그럴 수밖에 없는 상황이었네요.

박윤성 목사 이와 같은 모임에 참여하지 않으면 경제활동에서 매장되는 경우가 많았습니다. 그러다 보니까 교회 안에서 거짓 여자 선지자가 성도들을 꾀었던 것입니다. '괜찮다. 가서 절하고 장사하면 되지 않느냐?'라는 가르침을 했던 것 같습니다.

진행자 잘못된 가르침으로 사망에 이르게 했습니다.

박윤성 목사 요즘에도 그런 일들이 종종 있죠. 주일날 꼭 회사를 나오라고 하는 경우, 일해야 한다든지 또는 각종 중요한 시험이 주일날 있잖아요. 우리나라가 아직도 이것이 해결이 안 돼서 공무원 시험 같은 중요한 시험이 주일날에 있어요.

진행자 영어 평가시험도 꼭 주일날에 있어서 많은 크리스천 형제자매들이 고민하게 되는 것 같습니다.

박윤성 목사 그뿐만 아니라 사업을 하다 보면 '정직하게 하면 사업이 안 돼. 탈세도 좀 해야 해'와 같은 타협점이 지금도 있습니다. 그러니까 이 말씀은 현대에도 적용해 볼 수 있는 말씀이라고 할 수 있습니다. 이같이 이세벨의 가르침은 우상숭배라고 할 수 있겠습니다.

이세벨의 이야기는 나중에 계시록 18장에 또 나옵니다. 이 18장에서는 바벨론이라는 이름이 나옵니다. 이세벨의 교훈과 우상숭배가 바벨론 제국 멸망의 대표적 인물로 등장하는 것입니다. 주님께서는 우상숭배와 타협하고 잘못한 그들을 그냥 두시지 않고 결국 심판하시는 분으로 우리는 기억해야 합니다.

이같이 두아디라 교회는 참 좋은 교회였으나 거짓 선지자의 꼬임에 넘어간 교인들이 생기기 시작했습니다. 그래서 주님은 책망하시고 난 다음에 회개하라고 말씀하고 계시죠.

"또 내가 그에게 회개할 기회를 주었으되 자기의 음행을 회개하고자 하지 아니하는도다"(2:21).

박윤성 목사　회개할 기회를 주었는데도 회개하지 않는 자들이 있었습니다. 완고한 사람들이죠. 우리가 주님의 경고와 말씀을 들었을 때는 즉시 순종하고 회개해야 하는데 이 두아디라 교회의 사람 중에 회개하지 않는 사람들이 있었습니다. 이것이 참 문제였죠. 이와 같이 회개하지 않으면 그다음에 나오는 것은 징계죠. 22절과 23절은 징계를 이야기합니다.

"볼지어다 내가 그를 침상에 던질 터이요 또 그와 더불어 간음하는 자들도 만일 그의 행위를 회개하지 아니하면 큰 환난 가운데에 던지고 또 내가 사망으로 그의 자녀를 죽이리니 모든 교회가 나는 사람의 뜻과 마음을 살피는 자인 줄 알지라 내가 너희 각 사람의 행위대로 갚아 주리라"(2:22, 23).

박윤성 목사　회개하지 않는 자에게 주시는 징계가 나옵니다. 벌을 이야기하시는데요. 이세벨을 침상에 던지리라고 말씀하십니다. 이 침상에 던진다는 말은 질병에 걸리게 된다는 환유적 표현입니다. 뿐만 아니라 큰 환난에 던져질 것이라고 말씀합니다. 계시록 뒷부분인 7장 이후에 보면 대환난이 나오는데, 이와 같은 큰 환난에 빠지게 될 것을 이야기합니다. 회개하지 않는 자, 범죄 하는 자들은 큰 환난에 빠지게 됩니다. 감사한 것은 요한계시록을 읽다 보면 신자들, 하나님의 백성은 이 큰 환난에서 보호를 받습니다. 그러나 회개하지 않은 이들은 큰 환난을 받게 될 것을 언급하고 있습니다.

진행자 그래도 기회를 주셨습니다.

박윤성 목사 회개할 기회를 주었는데 회개하지 않는 자들은 그렇게 된다는 것이죠. 이제 24절에서 25절은 이렇게 우상숭배와 거짓 선지자들의 꼬임에 빠지지 않았던 남아있는 자들이 있어요.

> "두아디라에 남아 있어 이 교훈을 받지 아니하고 소위 사탄의 깊은 것을 알지 못하는 너희에게 말하노니 다른 짐으로 너희에게 지울 것은 없노라 다만 너희에게 있는 것을 내가 올 때까지 굳게 잡으라"(2:24,25).

박윤성 목사 두아디라 교회에 남아있는 자들이 있었습니다. "사탄의 깊은 것을 알지 못했다"라고 이야기하죠. 거꾸로 이야기하면 교회의 원래 가르침은 하나님의 깊은 은혜, 깊은 지식이었습니다. 그러나 이제는 사탄의 깊은 것을 아는 사람들이 있었다는 겁니다. 이게 바로 이세벨, 거짓 선지자의 가르침이죠. 아마도 두아디라 교회에 나타났던 거짓된 가르침이 영지주의가 시작되는 단계, 영지주의의 전단계가 아니었을까 하고 학자들은 추측합니다. 왜냐하면, 하나님도 섬기고 우상도 숭배하는 것이 괜찮다는 사상이 두아디라 교회에 있었거든요.

영지주의의 특징이 무엇이냐면, 육체적인 것은 중요하지 않고 영적인 것만 중요하다는 것입니다. 그러므로 내가 영적으로, 마음으로 하나님을 믿으니까 육체적으로는 범죄 해도 괜찮다, 하나님과의 관계가 있다면 죄를 짓거나 우상숭배 해도 괜찮다는 것입니다. 이것을 사탄의 깊은 것이라고 표현하고 있는 겁니다. 그러나 반대로, 남아 있는 자들은 그들의 잘못된 가르침에 빠지지 않고 하나님과 깊은 관계를 맺는 자들이었던 것입니다. 우리 성도들이 어떤 상황 속에서라도 믿음을 지키고 남아있는 자들에 속하는 사람들이 되었으면 좋겠습니다.

아까 잠깐 설명했는데요. 남아있는 자들에게는 상급을 주신다고 했죠? 26절, 27절, 28절까지 보겠습니다.

"이기는 자와 끝까지 내 일을 지키는 그에게 만국을 다스리는 권세를 주리니 그가 철장을 가지고 그들을 다스려 질그릇 깨뜨리는 것과 같이 하리라 나도 내 아버지께 받은 것이 그러하니라 내가 또 그에게 새벽 별을 주리라"(2:26-28).

박윤성 목사 아멘. 이기는 자들에게 주시는 상급이 두 가지가 나오죠. 첫 번째는 26절에 나옵니다. 만국을 다스리는 권세를 주십니다. 이 말씀은 시편 2편에서 가져온 것인데, 메시아께서 오셔서 철장으로 만국을 다스리시리라는 말씀이 나와요. 그리스도께서 이것을 이루시게 되고 그리스도 안에서 이기는 자들도 철장을 가지고 다스리는 권세를 주시겠다고 말씀하고 계십니다. 여기에서 철장이 무엇일까요? 다스릴 때 쓰는 지휘봉, 철 막대기 같은 것을 의미합니다. 얼마 전에 우스운 사건이 하나 있었는데요. 통일교가 미국에서 합동결혼식을 하는데 총을 들고 결혼식을 했었어요.

진행자 기억나요.

박윤성 목사 이 시편 2편과 계시록의 말씀을 잘못 해석한 것입니다. 철장을 가지고 다스린다는 것을 쇠막대기라고 보고 그 사람들은 쇠막대기를 총으로 해석한 거예요. 그래서 총을 들고 결혼식을 한 겁니다. 참 어이가 없는 일이죠.

진행자 그러게요, 목사님. 이렇게 악의적으로 해석할 수가 있나 싶어요.

박윤성 목사 철장을 가지고 다스린다는 것은 주님께서 권세를 가지고 우리의 왕으로 다스린다는 것을 표현한 것인데 잘못 해석한 것이죠. 주님께서 우리를 다스리는 권세를 갖고 있듯이 마찬가지로 우리에게 그 권세를 주신 것입니다. 그래서 이기는 자들에게는 철장을 가지고 다스리는 권세를 주시는 것이 상급입니다.

두 번째 상급은 28절에 나오는 새벽별입니다. 이 새벽별은 이기는 자들의 영원성을 강조하는 것입니다. 구약과 유대교 전통에 따르면

고난 받는 성도들이 죽음으로부터 부활할 때 영원한 별과 같이 빛나게 될 것이라는 말씀이 있어요. 이 새벽별은 우리 주님을 의미하기도 하지만 부활한 성도들, 이기는 성도들에게 영원히 별과 같이 빛나게 될 영원성을 상급으로 주신다는 말씀이기도 합니다. 그러니 주님은 얼마나 귀한 분이십니까? 칭찬도 해주시고, 잘못한 것은 책망도 하시고, 회개하고 돌이키고 남아있는 성도들에게는 상급을 예비하고 계십니다. 이 주님을 우리가 바라보고 신앙생활과 믿음을 잘 지키는 우리가 되어야겠습니다.

진행자 아까 철장을 가지고 다스리는 권세를 주신다고 하셔서 잘못한 사람들은 다 철장에 넣을 수 있는 공의의 영향력을 주시는 건 줄 알았는데, 제가 잘못 알았네요. 이렇게 '요~복음!'을 통해서 새롭게 알게 되는 것들이 많이 있습니다. 앞으로도 요한계시록 펴 놓고 성경을 쭉 함께 보면서 어떤 교회에 어떤 말씀을 주시는지 함께 공부하고 알아 가면 좋겠습니다.

함께 이야기하기

1 하나님의 아들의 속성을 알 때, 우리들의 믿음에 어떤 유익이 있습니까?

2 그리스도께서는 우리의 환난의 현장에 함께 계시고 아시고 도와주시는 분이십니다. "모래위의 발자국"이라는 시가 있습니다. 이 시의 스토리를 아는 분이 말씀해 보시고. 이것에 대하여 서로의 생각을 나누어 봅시다.

3 여러분들의 생활 속에서 하나님도 섬기고 우상도 섬기는 예를 들어보시고, 그것의 해결 방법도 함께 이야기해 보세요.

08 교회여 깨어나라(3:1-6)

진행자 저희가 지난 시간까지 에베소, 서머나, 버가모, 두아디라 교회를 만나 봤는데요. 오늘은 다섯 번째 시간으로 사데 교회를 만날 차례입니다.

박윤성 목사 네, 그렇습니다. 오늘은 계시록 3장 1절부터 6절까지 말씀인데요. 사데 교회에게 주신 편지, 말씀을 살펴보겠습니다.

먼저 교회의 역사적, 지리적 정황을 살펴보는 것이 말씀을 이해하는 데 도움이 됩니다. 이 사데 지역은 과거의 영화가 있었던 도시였습니다. 사데는 고대 리디아 왕국의 수도였는데 BC 6세기에 크레수스의 지도하에서 명성을 떨쳤고 문화적으로 여러 가지가 발달했던 곳이었습니다. 지리적으로 보면 사데는 헐무스 계곡에서부터 투멀루스 산까지 연결된 충적토의 높은 언덕들로 구성된 지역입니다. 그 언덕의 끝은 가파른 절벽이 형성되어 있기 때문에 적군들이 쉽게 침략해서 정복하기가 어려운 지역이었습니다. 그나마 남쪽 끝 지점에 접근할 수 있는 지역이 있었지만, 그 지역 역시 가파르고 구불구불한 길로 되어 있어서 적들로부터 방어하기에 좋은 지역이었습니다.

그런데 이 사데가 역사적으로 보면 2번 침공을 당해서 정복을 당합니다. 한 번은 BC 546년에 고레스에 의해서 정복을 당했고, 두 번째는 BC 218년에 안티오쿠스 대제에 의해서 저항도 못 해 보고 정복을 당합니다. 두 경우 모두 그렇게 범접할 수 없는 지역이었는데 침략자들이 밤에 도적 같이 들어왔습니다. 사람들이 안심하고 잠을 자고 있었겠죠. 밤에 침공을 당해서 두 번이나 점령을 당한 역사가 있는 곳이 사데입니다. 이런 지리적, 역사적 배경을 가지고 사데 교회를 살펴보겠습니다.

"사데 교회의 사자에게 편지하라 하나님의 일곱 영과 일곱 별을 가지신 이가 이르시되 내가 네 행위를 아노니 네가 살았다 하는 이름은 가졌으나 죽은 자로다"(3:1).

박윤성 목사 언제나 교회에게 메시지를 전하실 때는 주님의 모습이 등장합니다. 그래서 우리는 이 주님의 모습을 잘 묵상할 필요가 있습니다. 여기 사데 교회에 나타난 주님의 모습은 에베소 교회에 나타난 주님의 모습과 비슷합니다. 그렇다면 에베소 교회의 문제점이 사데 교회의 문제점이었다고 추측해 볼 수 있겠죠. 여기 사데 교회에 나타난 주님의 모습은 두 가지 모습입니다. 하나는 하나님의 일곱 영으로 나타나시고 또 하나는 일곱 별을 가지신 이로 등장하고 계십니다. 여기 일곱 영은 누구를 의미할까요?

진행자 영이니까 성령님이 아닐까요?

박윤성 목사 그렇죠. 일곱은 완전수, 하나님의 숫자죠. 그러므로 일곱 영은 성령님을 말합니다. 주님은 성령님과 일곱 별을 가지신 분으로 나옵니다. 주님께서는 교회의 사자들, 별을 붙잡고 계신 분으로 등장했습니다. 성령님의 역할이 있는데요. 당시 구약이나 유대주의에서는 성령의 주된 역할을 두 가지로 봅니다. 첫 번째는 예언을 위한 영감, 하나님의 말씀을 전달하기 위한 영감을 주시는 분이고, 두 번째는 성령은 죽은 자를 살리시는 분이라는 구약의 배경을 갖고 있습니다. 그러니까 이 성령님을 가지신 주님이 등장하는 이유는 이 두 가지를 하시겠다는 말씀인 것이죠.

이 사데 교회는 특별히 경고를 받고 있습니다. 사데 지역이 도적같이 들어온 적군들에게 침공을 당해서 저항도 못 하고 정복당했다고 했지요? 이와 같은 문제가 이 교회에도 있었습니다. 그래서 죽은 자를 다시 살리시는 성령님의 능력이 필요하기 때문에 일곱 영을 가지신 분이 등장하고 있는 것입니다.

진행자 일곱 영이라고 해서 헷갈리시는 분들도 계실 것 같아요.

박윤성 목사 일곱은 완전수, 하나님의 숫자로 생각하셔야 하니까 일곱 영은 곧 완전하신 성령님이라고 이해하면 되겠습니다. 그뿐만 아니라 주님은 일곱 별을 붙잡고 계신 분인데, 일곱 교회의 사자, 목회자들을 붙잡고 계셨습니다. 붙잡고 계신다는 뜻은 심판도 하신다는 의미가 담겨 있습니다. 그러므로 에베소 교회에 나타나셨던 주님의 모습과 사데 교회에 나타나신 주님의 모습이 비슷하다는 것을 알 수 있습니다.

여기 사데 교회의 문제가 무엇이냐면 "내가 네 행위를 아노니 네가 살았다 하는 이름은 가졌으나"라고 하셨습니다. 살았다 하는 이름은 가졌으나 문제가 있었습니다. 영적 건강이 마치 죽은 자와 같은 상태인 것이 사데 교회의 문제였습니다. 주님께서 이런 사데 교회에게 하실 말씀이 있으십니다. 여기에서 참으로 놀라운 것은, 다른 교회에는 주님의 모습이 등장하고 난 다음에 칭찬이 반드시 있었잖아요.

진행자 네, 책망을 하기 전에 칭찬을 하셨죠.

박윤성 목사 책망 전에 칭찬을 하셨는데, 사데 교회에는 칭찬이 없습니다. 그러니까 뭔가 문제가 큰 거죠.

진행자 그러네요.

박윤성 목사 2절은 책망하시는 말씀입니다.

> "너는 일깨어 그 남은 바 죽게 된 것을 굳건하게 하라 내 하나님
> 앞에 네 행위의 온전한 것을 찾지 못하였노니"(3:2).

박윤성 목사 "너는 깨어나라" 이렇게 주님께서 명령하시고 책망하고 계
십니다. 사데 교회는 이방 문화권 속에서 어려웠겠죠. 우상숭배가
만연했었고 경제활동을 하려면 길드(협동조합)에 들어가서 우상숭배를
해야 했으니까요. 그래서 믿음이 거의 죽은 것 같은 문제가 발생한
것입니다. 주님께서는 "너는 일깨어"라고, 즉 "깨어나라"라고 말씀
하십니다. 죽으려고 하는 자에게 힘을 불어넣어 주시는 성령님의 역
사죠. 그래서 믿음이 거의 죽어가고 있는 사데 교회를 향해서 너는 일
깨어 성령의 역사로 다시 살아나라고 명령을 내리고 있는 것입니다.

이 말씀은 지금 우리에게도 필요한 말씀이 아니겠습니까? 성령의
기름 부으심으로 우리가 다시 살아나야 합니다. 성령의 기름 부으
심, 성령의 충만함으로 일깨워져서 믿음이 성장하는 우리 성도들이
되어야 할 것입니다. 그래서 우리 주님이 말씀하십니다. 네 행위의
온전한 것을 찾지 못했다. 이게 사데 교회의 큰 문제죠.

진행자 엉망이네요.

박윤성 목사 거의 죽을 지경, 믿음이 거의 바닥에 떨어져 있는 모습을 주님이 지적해 주고 계십니다. 이 모습은 앞서 나왔던 교회 중에서 자칭 유대인이라 하는 자들이 유대인이 아니었다고 책망했던 부분(2:9)이 기억나는데요. 크리스천이라는 믿음을 가지고 있었으나 거의 죽은 믿음에 가까운 사람들, 이것이 바로 사데 교회의 문제였던 것입니다.

이 사데 교회에 정말 필요한 것은 영적 죽음의 상태에서 벗어나서 이제는 깨어나는 일이었습니다. 그래서 사데 교회에 나타난 주님의 모습이 일곱 영과 일곱 별을 가지신 강력한 모습으로 등장하고 계신 거예요. 사데 교회에게 강력한 성령의 역사가 필요함을 보여주기 위해서 주님의 모습이 강한 모습으로, 에베소 교회보다 더 강력한 모습으로 등장하는 것을 여기서 보게 됩니다.

우리들도 지금 신앙이 나태해지고 영적인 수면 상태에 들어가 있다면 오늘 이 말씀을 듣고 번쩍 깨어나야 할 것입니다. 성령께서 나를 책망하시고 새롭게 하시고 살려주시옵소서. 이렇게 간구할 때 성령께서 우리를 깨워주실 줄로 믿습니다.

진행자 아멘

"그러므로 네가 어떻게 받았으며 어떻게 들었는지 생각하고 지켜 회개하라 만일 일깨지 아니하면 내가 도둑 같이 이르리니 어느 때에 네게 이르는지 네가 알지 못하리라"(3:3).

박윤성 목사 잘못되어 거의 죽음의 상태에 다다랐던 사데 교회가 회복하는 방법을 알려주고 계시죠. 앞서 에베소 교회에게도 말씀하셨는데요. "생각하라", "기억하라", 이런 말씀을 먼저 주고 계십니다. 생각하고 기억해야 할 것이 무엇인가 하면 우리가 처음에 받았던 복음, 예수 그리스도의 십자가를 다시 기억하라는 것입니다. 영적으로 죽어가는 사람에게 필요한 것은 십자가예요. 주님이 나를 위해서 죽으심을 다시 기억하고 생각하는 것이 우리가 믿음을 다시 회복할 수 있는 길입니다.

그리고 기억하고 생각하고 난 다음에는 "회개하라"고 말씀하고 계시죠. 회개가 하나님 앞에 긍휼과 자비를 얻게 되는 놀라운 일이지 않습니까? 그래서 이 사데 교회에게 주님이 명령하십니다. 생각하고 회개하라. 그렇게 하지 않으면 문제가 생깁니다. 3절 후반부에 나오는데요. "내가 도둑같이 이르리니" 이것은 앞에서 역사적 배경을 설명할 때 말씀드렸는데, 이 지역이 멸망했던 역사적인 두 번의 사건은 밤에 적들이 도둑 같이 임해서 일어난 것이거든요.

진행자 방심하던 틈을 타서 도둑처럼. 지형적으로 봤을 때는 이렇게나 쉽

게 함락당할 상황이 아니었는데 방심했다는 것을 기억하면 좋을 것
같아요.

박윤성 목사 마찬가지로 영적으로도 방심하고 나태하고 믿음이 죽은 것
같은 상태가 문제이기 때문에 깨어나라고 말씀하고 있는 것입니다.
도둑은 알리지 않고 오잖아요? 경고도 없이 예기치 않게 오지 않습
니까? 에베소 교회에게 경고하실 때는 촛대를 옮긴다고 말씀하셨는
데, 오늘 도둑 같이 임하게 될 것이라는 말씀도 경고의 메시지로 봐
야 합니다. 그러므로 우리 교회 모든 성도들은 신앙생활에서 늘 깨
어있는 믿음을 가질 필요가 있습니다.

"그러나 사데에 그 옷을 더럽히지 아니한 자 몇 명이 네게 있어
흰 옷을 입고 나와 함께 다니리니 그들은 합당한 자인 연고라"(3:4).

박윤성 목사 참 감사한 것은 사데 교회가 영적으로 잠을 자고 있었으나
그중에 신실하게 자기들의 믿음을 지키고 있었던 소수의 무리가 있
었습니다.

진행자 몇 명이 있다고 하셨네요.

박윤성 목사 네, 몇 명이 있죠.

진행자 정말 소수였나 봐요.

박윤성 목사 네, 그렇습니다. 옷을 더럽히지 아니했다는 말씀이 나오는데 '더럽히다'라는 단어는 우상숭배에 빠져서 오염됐다는 것을 의미합니다. 다른 부분에 보면 "여자로 더불어 더럽히지 아니하고"라는 말씀이 있는데 성적으로 더럽히지 않았다는 의미이기도 하지만 우상숭배에 빠지지 않았다는 것을 의미하기도 하죠. 많은 사람이 우상숭배에 빠졌고 타협하는 신앙을 가졌습니다. 하지만 몇몇 신실한 성도들은 우상숭배에 빠지지 않았던 것입니다. 얼마나 귀한 성도들이 남아있는 것입니까?

이런 자들에게 주님께서는 "흰 옷을 입고 나와 함께 다니리니 그들은 합당한 자다"라고 말씀하고 계십니다. 이 흰 옷은 뒤에 7장 14절에 나오는데 하나님이 믿음을 지킨 자들에게 주시는 상급입니다. "큰 환난에서 나오는 자들인데 어린 양의 피에 그 옷을 씻어 희게 하였느니라" 흰 옷을 입었다는 말씀은 바로 예수 그리스도의 보혈로 죄 씻음을 받고 용서받아서 그분으로 더불어 살고, 그분의 옷을 입고 산다는 놀라운 상급입니다.

우리 성도들이 하나님이 주시는 물질적, 건강의 축복도 있지만 제일 좋은 축복은 주님과 동행함입니다. 주님이 우리를 옷 입혀 주시고 구원해 주실 것이죠. 성경은 이렇게 말씀하시죠. 옛사람을 벗어

버리고 그리스도로 옷 입어라. 그리스도로 옷을 입는 놀라운 상급이라고 볼 수 있겠습니다.

진행자 그렇게 목사님의 말씀을 듣고 보니까 "흰 옷을 입고 나와 함께 다니리니 그들은 합당한 자"라는 말씀이 큰 칭찬인 것 같습니다.

박윤성 목사 그럼요. 이것보다 큰 칭찬이 어디 있겠습니까? 감사하게도 또 상급을 말씀하십니다. 몇몇은 신실한 사람들이었으나, 비록 잠자고 있었던 사람들도 깨어나면 상급을 주시겠대요.

"이기는 자는 이와 같이 흰 옷을 입을 것이요 내가 그 이름을 생명책에서 결코 지우지 아니하고 그 이름을 내 아버지 앞과 그의 천사들 앞에서 시인하리라"(3:5).

박윤성 목사 회개하고 믿음을 회복한 자들, 신앙을 지킨 자들을 "이기는 자"라고 했죠? 어느 이단에서는 자기 교주를 이기는 자라고 말하는데, 그건 아닙니다. 우리 성도들이 믿음을 지키고 신실하게 살아갔을 때 하나님께서는 이기는 자들이라고 명명해 주십니다. 이기는 자들에게 주시는 복이 있습니다. 그 복이 두 가지가 나오죠.

첫 번째 복은 흰 옷을 입게 되는 것입니다. 흰 옷은 아까도 말했지만 그리스도의 옷입니다. 그리스도의 보혈로 죄 씻음 받아서 흰 눈보다 더 희게 된 흰 옷을 입혀주신다는 것은 상징적인 의미죠. 이는 그리스도와 동행함을 의미합니다. 그리고 당시 로마의 배경에 의하면 승리했을 때, 축제에 들어갈 때 흰 옷을 입었어요. 우리 성도들에게 그런 동기를 부여해 주시는 것이죠. 믿음을 지켜라, 회개하라, 이기는 자가 되면 결국 승리하는 자가 될 것이요, 그리스도의 어린 양의 혼인 잔치에 들어가게 될 것이다. 흰 옷을 상급으로 말씀해 주고 계십니다.

두 번째 상급이 나오는데 아주 귀한 말씀입니다. "그 이름을 생명책에서 결코 지우지 아니하고" 생명책에 우리의 이름이 기록되어 있다는 것입니다. 구약과 유대교에 보면 여러 종류의 책들이 나오는데 그중에 '생명책'이 있습니다. 생명책은 하나님께서 창조 이전에 그 택하신 자들의 이름을 기록해 놓으신 책입니다. 요한계시록에서는 이 생명책이 5번 나옵니다. 그러니까 우리 믿는 성도들의 이름을 하나님께서 창세 전에 이미 예정하셔서 기록해 놓으신 책이 생명책입니다. 빌립보서 4장, 누가복음 10장, 히브리서 12장에도 나옵니다. 놀라운 하나님의 은총이죠. 우리 성도들의 이름이 생명책에 다 기록되어 있습니다.

반면에 다른 책들이 있는데요. 믿지 않는 자들의 죄가 낱낱이 기록되어 있는 '그 책들'이라는 것이 있습니다. 종말의 때에 행위에 의해서 심판을 받게 되는 '그 책들'도 따로 있습니다. 그러나 우리 성도들은 생명책에 그 이름이 있고 지우지 않는다고 말씀해 주고 있습니다.

또 세 번째 복이 있습니다. 어떤 복이냐면 주님께서 생명책에 기록된 사람의 이름을 일일이 호명해 주신대요. 출석체크! 주님이 하나님과 천사들 앞에서 우리의 이름을 불러 주신다고 말씀하고 있습니다.

진행자 "시인하리라"고 말씀하시네요.

박윤성 목사 5절 후반부에 나와 있죠. "생명책에서 결코 지우지 아니하고 그 이름을 내 아버지 앞과 그의 천사들 앞에서 시인하리라" 시인한다는 말씀은 우리의 이름을 불러 주신다는 것입니다.

진행자 너무 멋질 것 같아요.

박윤성 목사 네, 주님이 "아무개야!"라고 이름을 불러 주신다면 얼마나 감사한 일이겠습니까? 마지막 때 주님께서 이 믿음을 지키고 이긴, 신실한 우리 그리스도인들의 이름을 불러주실 것입니다. "하나님 아버지, 아무개가 믿음을 지켰습니다. 흰 옷을 입었습니다. 생명책에 이름이 기록되어 있습니다."라고 말씀해 주시면 얼마나 좋을까요? 우리의 이름을 부르실 그때를 생각하면서 우리의 믿음을 지켜나가고 오늘도 신실한 성도의 삶을 살아가는 모두가 되기를 바랍니다.

진행자 아멘.

박윤성 목사 우리 모두의 이름을 부르실 그 날을 기대하면서 오늘도 승리하는 모든 성도들이 되었으면 좋겠습니다.

진행자 저는 요한계시록을 볼 때마다 하나님이 우리 사정을 너무나 잘 알고 계신다는 생각이 듭니다. 오늘은 비록 칭찬이 나오지 않았지만, 우리가 돌아봐야 할 부분을 책망하시고, 그럼에도 불구하고 이기는 자가 될 경우 상급을 주겠다고 약속해 주신 이 말씀이 이 시대를 살아가는 우리에게도 큰 위로이자 희망이 아닐까 싶습니다.

박윤성 목사 그렇죠. 이 말씀 속에 하나님의 사랑과 긍휼이 얼마나 많이 깔려있는지 찾아볼 수 있었으면 좋겠습니다.

진행자 목사님, 오늘 마무리로 저희가 어떤 것을 기억하면 좋을까요?

박윤성 목사 성령님과 동행하고, 성령님이 주시는 능력으로 다시 믿음이 소생되었으면 좋겠습니다.

진행자 네, 성령님과 함께 소생하는 하루, 성화의 길에 동참해 주셨으면 좋겠습니다.

함께 이야기하기

1 여러분의 영적 상태는 어떠합니까? 사데 교회의 상황과 비교하면서 자신의 영적 수준과 상태를 점검해 봅시다.

2 주님께서 각 교회의 상황과 형편에 따라서 주님의 모습을 설명하는 것을 묵상해 보십시오. 그리고 여러분의 상황에 대하여 주님은 어떤 모습으로 말씀하시겠습니까?

3 "깨어라, 회개하라"는 말씀을 듣고서 회개하는 사람과 그렇지 못하는 사람의 결과는 어떻게 다르겠습니까?

4 현재의 고난은 장차 나타날 영광과 족히 비교되지 않는다는 바울의 말씀과 여기에서의 장래에 받을 축복들을 생각해보면서, 여러분들의 현재의 고난, 환난들의 결과는 무엇이라 생각하십니까?

09 작은 능력, 큰 믿음(3:7-13)

진행자 목사님, 오늘은 저희가 어떤 교회를 만날까요?

박윤성 목사 네, 오늘은 빌라델비아 교회입니다. 계시록 3장 7절에서 13절까지에 나오는 빌라델비아 교회를 함께 공부하고 은혜 나누는 시간이 되면 좋겠습니다.

우리가 빌라델비아에 대한 역사적인 배경을 먼저 알아야 되겠습니다. 빌라델비아 지역은 아시아의 일곱 교회 중에서 가장 작은 도시였습니다. 시기적으로 봐도 가장 나중에 건립된 도시였죠. 이 도시는 BC 2세기경에 아탈루스 2세(빌라델포스 2세)에 의해서 건설됩니다. 이 건설자의 이름을 따서 빌라델비아라는 이름을 붙이게 됩니다. 그런데 이 빌라델비아에는 암울한 역사가 있었어요. BC 17년에 큰 지진이 나서 이 도시가 파괴됩니다. 그 이후에 로마제국의 도움으로 재건되었습니다. 그런데 큰 지진의 여파로 많은 사람들이 다시 돌아와 살기를 두려워합니다. 그래서 빌라델비아 주변의 시골 지역에서 살았던 역사적 정황이 있습니다.

이 역사적 정황과 오늘 본문의 말씀과 연관이 있습니다. 뒷부분에 나오는데요, 우리 그리스도인들에게 그리스도의 왕국, 하나님 나라에서 기둥이 될 것이라는 말씀이 나오거든요. 이 빌라델비아 지역은 지진으로 인해서 많은 사람이 도피해서 주변 지역에서 살게 됐지만 하나님의 백성들은 하나님의 나라에서 기둥 같은 중심적인 역할을 하게 될 것이라는 메시지를 그 지역과 연관시켜서 우리에게 주시는 것을 알 수 있습니다.

이렇게 배경을 먼저 살펴보았고 본격적으로 본문에 들어가도록 하겠습니다.

"빌라델비아 교회의 사자에게 편지하라 거룩하고 진실하사 다윗의 열쇠를 가지신 이 곧 열면 닫을 사람이 없고 닫으면 열 사람이 없는 그가 이르시되"(3:7).

박윤성 목사 교회에게 메시지를 전할 때 먼저 주님의 모습이 등장하지요. 여기서는 그는 거룩하고 진실하신 분으로 등장합니다. 이 '거룩'과 '진실'은 하나님의 특성입니다. 우리 인간에게는 거룩이 없으나, 예수님은 거룩하신 분, 진실하신 분이죠. 이것은 바로 예수님의 신성을 의미하는 말씀입니다.

특별히 이 '거룩'이라는 단어는 이사야에 배경을 두고 있는데요. 이사야서에서는 "이스라엘의 거룩한 자"라는 용어가 약 20번 정도 나옵니다. 하나님, 야훼 하나님을 표현할 때 "거룩한 자"라는 표현을 많이 했습니다. 그래서 '진실하신 예수님'은 하나님이신 그분이 이 땅에 찾아오신 것을 의미하면서 이사야의 말씀을 반영하는 것이라고 할 수 있습니다. 이 땅을 찾아오신 메시아가 유대인에게는 배척을 당했죠. 유대인은 진짜 메시아가 아니라고 예수를 십자가에 못 박지 않았습니까? 그러나 사도 요한은 이야기합니다. 유대인은 배척한 메시아였지만, 바로 그 메시아가 진정한 메시아이고 진실 된 메시아라고요.

7절에 보면 거룩하고 진실하신 그리스도께서 가지고 계신 것이 있어요. 그것은 '다윗의 열쇠'입니다. 이 다윗의 열쇠라는 표현은, 계시록 1장 18절에 보면 예수님을 '열쇠를 가지고 계신 분'으로 소개했던 것을 다시 한 번 3장에서 이야기해 주고 있는 겁니다. 1장에서는 사망과 음부의 열쇠를 가지신 분으로 표현했는데, 3장 7절에서는 다윗의 열쇠를 가진 분으로 이야기하고 있습니다. 이 다윗의 열쇠는 이사야 22장 22절에서 가져온 것입니다. 이사야의 예언에 의하면 "내가 또 다윗의 집의 열쇠를 그의 어깨에 두리니 그가 열면 닫을 자가 없겠고 닫으면 열 자가 없으리라"라고 합니다. 이 이사야의 말씀을 인용하면서 바로 이 메시아가 다윗의 집의 열쇠를 가지고 계신 분이라고 여기서 말씀하고 있는 것입니다. 1장에서는 사망과 음부의 열쇠라고 했는데, 3장에서는 다윗의 열쇠로 조금 더 확대됩니다. 그리스도께는 사망과 음부의 열쇠를 뛰어넘는 권세가 있다는 것입니다. 그것은 바로 다윗의 열쇠를 가지고 있다는 것이죠.

이 다윗의 열쇠라는 것을 이해하려면 이사야 22장으로 가 봐야 합니다. 22장에 보면 이런 내용이 나옵니다. 히스기야 왕의 국고를 맡은 궁내대신 셉나라는 사람이 있었습니다. 앗수르의 포위망이 좁혀오고 있는 가운데 민족은 풍전등화의 상황이었죠. 그런데 셉나가 자기를 위해서 높은 곳의 왕실 묘지에 웅장한 묘실을 파고 있었습니다. 하나님은 이 셉나를 돌 공처럼 말아서 먼 곳으로 던져버리고 셉나 대신에 하나님의 종 엘리야김을 그 자리에 세우겠다고 예언하십니다. 이 엘리야김을 못처럼 견고하게 세우고 그 못에 가문의 영광이 걸리게 될 것이라는 예언이 이사야서 22장 22절 말씀입니다. 하나님께서 엘리야김에게 이렇게 예언하십니다. "내가 또 다윗의 집의 열쇠를 그의 어깨에 두리니 그가 열면 닫을 자가 없겠고 닫으면 열 자가 없으리라"(사 22:22).

이 엘리야김에게 열쇠를 주신다는 것은 거의 무제한적인 통제권을 주신다는 예언의 말씀입니다. 이것은 일차적으로는 엘리야김에게 걸리는 말씀입니다만, 궁극적으로는 예수 그리스도에게 적용되는 것이죠. 그래서 요한은 요한계시록 3장 7절에서 바로 엘리야김에게 주셨던 다윗 집의 열쇠를 진정으로 가지고 계신 분은 메시아 그리스도시다. 그래서 그리스도께서 다윗 집의 열쇠를 가지고 계시다고 소개해 주고 있는 것입니다.

진행자 정말 구약을 거울처럼 비춰서 보여주는 것 같아요.

박윤성 목사 네, 특별히 요한계시록은 구약에서 많은 부분을 가지고 옵니다. 구약에서 나온 하나님의 예언이 바로 어린 양 예수 그리스도 안에서 이루어졌다는 것을 우리에게 알려주고 있는 것이죠.

> "볼지어다 내가 네 앞에 열린 문을 두었으되 능히 닫을 사람이 없으리라 내가 네 행위를 아노니 네가 작은 능력을 가지고서도 내 말을 지키며 내 이름을 배반하지 아니하였도다"(3:8).

박윤성 목사 "네 앞에 열린 문을 두었다"라고 합니다. 문을 열고 들어가려면 열쇠가 필요하잖아요? 다윗의 열쇠, 문을 여는 열쇠를 갖고 계시는 주님께서 열린 문이 있다고 이야기하시죠. 열린 문을 열고 들어가는 것은 구원의 삶을 의미하는 것입니다. 뒤에 12절에서 나오는데요. 하나님의 성전과 하나님의 도성으로 들어가는 것을 말하는 것입니다. 이처럼 하나님의 성전, 하나님의 집에 들어갈 열쇠가 필요하고요. 그 열쇠로 문을 여는 것인데 열린 문이라고 이야기합니다.

모펫(Moffatt)이라는 학자는 이 열린 문이 그리스도 자신을 말하는 것이라고 이야기합니다. 예수님이 다윗 집의 열쇠를 갖고 문을 열어 주시는 분이고, 그리스도를 통해서 하나님의 나라에 들어갈 수 있기 때문에 열린 문은 예수 그리스도를 의미한다는 거죠. 예수님께서는 또 비유적으로 말씀하신 때가 있었죠. 예수님이 자신을 표현할 때 "나는 양의 문이다"라고 말씀하셨습니다. 그래서 "들어가며 나오며 꼴을 얻을 것"이라고 하셨지요. 예수님께서 당신을 양의 문이라고 표현했듯이 여기에서는 예수 그리스도 자신을 열린 문으로 표현합니다. 우리가 하나님 나라에 들어갈 때 그 어떤 이단의 교주나 사람을 통해서가 아니라 오직 예수 그리스도를 통과해야만 우리가 천국에 들어가게 될 줄 믿습니다.

진행자 정말 중요한 포인트죠. 누구의 공로가 아니라 열린 문 되신 예수 그리스도밖에 없음을 이 장면을 통해서 다시 한 번 마주합니다.

박윤성 목사 네, 이 열린 문을 앞에 두고 이제 칭찬을 합니다. 빌라델비아 교회를 칭찬하는데, 8절에 보면 빌라델비아 교회는 "작은 능력을 가지고 있다"고 이야기합니다. 아마도 빌라델비아 교회가 작았던 것 같아요. 교인들의 숫자가 적은 교회였습니다.

진행자 도시도 작으니까 그랬을 것 같네요.

박윤성 목사 그렇죠. 숫자는 비록 적었지만 "내 말을 지키고 내 이름을 배반하지 않았다"라는 것은 큰 칭찬입니다. 빌라델비아 교회는 숫자는 적었지만 믿음이 있는 교회였고 주님을 증거하는 교회였기 때문에 주님께서 칭찬해 주시고 있는 것입니다. 우리 한국 교회도 작은 교회들이 참 많잖아요. 50% 이상이 미자립 교회라고까지 말하는데, 작다고 주눅들 필요가 없습니다. 하나님의 교회는 크고 작은 양의 문제, 크기의 문제가 아니라 믿음의 문제죠. 작지만 큰 믿음을 가지고 있는 교회를 향해서 주님이 칭찬해 주고 있는 것입니다. 이렇게 열린 문 되신 주님께서 이 문으로 들어올 수 있는 믿음의 형제들을 칭찬해 주고 계십니다.

"보라 사탄의 회당 곧 자칭 유대인이라 하나 그렇지 아니하고 거짓말 하는 자들 중에서 몇을 네게 주어 그들로 와서 네 발 앞에 절하게 하고 내가 너를 사랑하는 줄을 알게 하리라"(3:9).

박윤성 목사 이 교회 안에도 잘못된 사람들이 조금 있었습니다. "자칭 유대인이라 하나"라고 말합니다. 그들은 유대인들이었어요. 그런데 진짜 유대인이 아닙니다. 그리스도인들을 박해하고 교회를 어지럽혔던 자들을 향해서 '사탄의 회', '사탄의 회당'이라고 이야기합니다. 감사한 것은 이 자칭 유대인이라 하나 사탄의 회당이었던 이들을 교회 앞에 무릎 꿇게 하신다는 것입니다. "그들로 와서 내 발 앞에 절하게 하고"라는 것은 하나님께서 진정한 교회를 세워주시는 것을 이야기합니다. 이 배경은 이사야서 54장, 60장, 시편 86편의 반영이라고 볼 수 있습니다. 이 구절들을 보면 이방인들이 종말에는 이스라엘과 하나님께 와서 경배하는 것이 예언되어 있습니다.

그런데 오늘 본문 말씀에 아이러니하게도 진정한 이스라엘인 이방 교회에 자칭 유대인이라고 하는 자들이 와서 무릎을 꿇게 되는 것이죠. 이것은 순서가 바뀐 것입니다. 진정한 영적 이스라엘이 유대인만이 아니라는 것을 보여주는 것이죠. 하나님께서는 구원의 역사를 이방인에게로 돌리셔서 오히려 믿지 않는 유대인이 그들 앞에 와서 절하게 될 것이라는 아이러니한 말씀을 우리에게 보여 주고 계십니다. 그러므로 이 빌라델비아 교회는 작은 교회였으나, 주님을 믿는 믿음을 지켰을 때 유대인들이 그들 앞에 와서 무릎을 꿇을 것을 보여줍니다. 박해자들이 오히려 굴복하는 것을 우리에게 말씀해 주고 있는 구절이 되겠습니다.

"네가 나의 인내의 말씀을 지켰은즉 내가 또한 너를 지켜 시험의 때를 면하게 하리니 이는 장차 온 세상에 임하여 땅에 거하는 자들을 시험할 때라"(3:10).

박윤성 목사 인내의 말씀을 지켰으니 이 교회는 믿음이 좋은 교회였잖아요? 박해와 어려움 속에서도 하나님의 말씀을 지켰으니 내가 너희를 지켜주겠다고 하나님께서 말씀하고 계십니다. "인내의 말씀을 지켰은즉", 이것을 부정과거형이라고 하는데, 이 교회가 이전부터 지금까지 하나님의 말씀을 지켜왔다는 역사적 사실을 이야기해 주는 것입니다.

그래서 주님께서는 아주 귀한 은혜를 이들에게 베풀어 주십니다. 앞서 살펴봤던 서머나 교회는 10일 동안 환난 당할 것이라고 이야기했었습니다. 그런데 오늘 이 빌라델비아 교회는 어떻습니까? "장차 온 세상에 임하여 땅에 거하는 자들을 시험할 때"라는 것은 큰 대환난의 때를 이야기합니다. 서머나 교회에서는 교회 자체를 시험하는 시험이 있었지만, 이 빌라델비아 교회에게 주시는 말씀은 땅에 거하는 자들을 시험하는 대환난의 시기를 말합니다. 주님께서 빌라델비아 교회로 하여금 어려움의 시기, 마지막 심판의 시기를 면하게 해 주실 것입니다. 보호하신다는 말씀입니다.

땅에 거하는 자들을 시험한다는 것은 불신자들이 심판받는 것을 의미합니다. 열린 문으로 들어온 그리스도를 믿는 우리 그리스도인에게는 이러한 마지막 심판이 없습니다. 우리를 보호해 주시는, 시험을 면하게 해 주시는, 하나님의 백성을 보존해 주시는 하나님의 약속의 말씀을 여기에서 주고 계시는 것이죠.

"내가 속히 오리니 네가 가진 것을 굳게 잡아 아무도 네 면류관을 빼앗지 못하게 하라 이기는 자는 내 하나님 성전에 기둥이 되게 하리니 그가 결코 다시 나가지 아니하리라 내가 하나님의 이름과 하나님의 성 곧 하늘에서 내 하나님께로부터 내려오는 새 예루살렘의 이름과 나의 새 이름을 그이 위에 기록하리라"(3:11,12).

박윤성 목사 "이기는 자"는 바로 믿음을 지킨 성도들을 말씀하는 것입니다. 이기는 자들에게 주시는 약속입니다. 상급이죠. 놀라운 상급인데요. 우리가 아까 살펴봤던 이사야 22장에서 엘리야김에게 주셨던 말씀을 다시금 떠올려야 합니다. 여기서 엘리야김에게 다윗의 열쇠를 주시고, 못이 단단한 곳에 박힘 같이 그가 그 아비 집의 영광의 보좌가 될 것이라고 말씀하셨습니다. 그의 아버지 집의 모든 영광이 그 위에 걸릴 것이라는 말씀 뒤에 이런 말씀이 나옵니다. "그 날에는 단단한 곳에 박혔던 못이 삭으리니 그 못이 부러져 떨어지므로 그 위에 걸린 물건이 부서지리라" 이사야 22장 25절입니다. 그러니까 엘리야김에게 영광스러운 것을 하나님께서 주실 거예요.

이스라엘 사람들은 텐트를 치고 살기도 했는데, 베두인 족속들은 텐트를 칠 때 텐트 중앙에 나무기둥이 있고, 그 기둥에 못을 박아서 온갖 그릇을 거기에 걸었어요. 그런 배경을 이해해야 하는데, 그 못이 삭아서 영광이 떨어진다는 거예요. 그러나 대조적으로 그리스도 안에 있는 성도들에게는 기둥에 박힌 못이 삭는 것과 같은 일이 없어요. 그리스도인들은 하나님의 성전의 기둥이 되는 겁니다. 하나님의 성전의 기둥, 그러니까 나무에 박힌 못도 영광이 있었지만, 우리 그리스도인들은 하나님 나라의 성전의 기둥과 같은 존재들이 된다는 말씀이죠.

　계시록에 보면 새 하늘과 새 땅에는 하나님의 성전이 없어요. 하나님과 예수 그리스도가 성전이 되십니다. 그러니까 하나님 성전의 기둥이 된다는 말은 가시적인 기둥이 된다는 말이 아니라, 하나님 나라의 기둥 같은 일꾼들로 우리를 세워주신다는 말씀이 되는 것이죠. 작은 교회였지만 믿음을 지킨 빌라델비아 교회 성도들에게 하나님이 주신 위로의 말씀입니다. 믿음을 지킨 자들은 하나님 나라의 성전의 기둥 같은 존재가 될 것을 약속해 주고 있는 것입니다.

진행자　네, 정말 칭찬을 보니 다른 교회들보다 은혜가 큰 것 같아요.

박윤성 목사　그렇죠. 작은 교회지만 하나님이 그 믿음을 칭찬하고 계시죠.

진행자　환난도 면하게 하시고 또 이렇게 기둥이 되어서 쓰임을 받게 하겠다는 약속이 아닐까 싶습니다.

박윤성 목사　그 정도가 아니라 더 있어요. 이기는 자들은 그 기둥 위에 "새 예루살렘의 이름과 나의 새 이름을 그이 위에 기록하리라"라고 했어요. 기둥과 같은 존재로 세워주시는 것뿐만 아니라 성도들에게 하나님의 이름을 기록해 주겠다고 말씀하십니다. 그럼 여기서 하나님의 이름이 무엇일까요? 물론 하나님의 성품을 의미하기도 합니다만, 계시록 19장 13절 이하에 보면 하나님의 이름을 하나님의 말씀이라고 이야기합니다. 그리스도의 새로운 이름, 이것은 곧 하나님의 말씀입니다. 이 말은 우리 기둥 같은 성도들, 하나님 나라에 존귀하게 쓰임 받는 성도들에게 하나님의 말씀을 주신다는 것입니다. 하나님의 말씀은 곧 예수 그리스도 아니십니까? 그래서 그분과 영원토록 함께 살아가며 동행하는 멋진 복을 우리에게 주실 줄로 믿습니다.

진행자 영생에 대한 약속 같습니다.

박윤성 목사 네, 하나님의 말씀을 받아서 기둥 같은 좋은 일꾼들이 다 되셨으면 좋겠습니다.

진행자 저는 오늘 이 빌라델비아 교회를 통해서 크기의 크고 작음이 아니라 우리가 하나님 앞에 얼마나 바로 섰는지가 중요하다는 것을 느꼈습니다. 우리가 간혹 규모를 좇아서 중요한 것들을 놓칠 때가 있는데, 그러한 것을 반성하면서 약속을 바라봤습니다.

함께 이야기하기

1 거룩하고 진실하신 그리스도의 성품을 살펴보면서 우리들도 어떻게 하면 거룩하고 진실하게 살 수 있을 지를 이야기해 보세요.

2 여러분들이 받은 능력은 어떠합니까? 적은 능력이지만, 큰 믿음을 소유하고 있습니까? 아니면, 큰 능력을 받았으나 적은 믿음을 가지고 있습니까? 하나님께로부터 받은 것들을 이야기해보고, 그것들을 어떻게 사용하며 살아가는지를 이야기해 봅시다.

3 우리들의 신분을 묵상하며 현재의 삶의 고난을 극복할 근거를 살펴봅시다. 하나님 나라의 기둥과 같은 자들이 누구이며, 이들이 받을 특권은 무엇입니까?

10 뜨거운 신앙, 뜨거운 사랑(3:14-22)

<u>진행자</u> 목사님, 목사님께서도 도전해야 할 과제가 있으실까요?

박윤성 목사 네, 저는 젊었을 때 여자들 앞에 서면 얼굴이 빨개져서 많이 어려웠습니다. 그런데 자꾸 만나고 솔직하게 이야기하면서 좋아졌어요. 요즘엔 목회를 하다 보니까 오히려 여자분들이 저를 두려워하지 않나 하는 생각이 듭니다.

<u>진행자</u> 이렇게 열심히 하고 많이 하다 보면 뭔가 방법을 찾는 것 같은데요. 우리 안에 있는 부족함을 인정하고 더 열심히 많이 해 보는 노력이 오늘부터 필요하지 않을까 생각해 봅니다.

박윤성 목사 네, 그렇습니다.

<u>진행자</u> 오늘은 3장 14절부터 계속 이어가면 좋겠습니다.

박윤성 목사 맞습니다. 이제 3장 14절부터 22절까지는 라오디게아 교회입니다, 일곱 교회 중 마지막 교회인 라오디게아 교회를 살펴보도록 하겠습니다.

진행자 라오디게아 지역의 역사적, 사회적 상황이 궁금해지는데요.

박윤성 목사 그렇죠. 우리가 그동안 살펴봤지만 그 교회가 속해 있던 지역의 역사적, 지리적 상황들을 이해하는 게 참 중요했습니다. 라오디게아는 지정학적으로 아주 중요한 위치에 있는 도시로, 상업과 행정의 중심지로 발전을 했습니다. 원래 이 라오디게아는 프리기아에서 제일 부유한 도시였다고 합니다. AD 60년경에 대지진이 발생해서 도시가 무너져 버렸죠. 그럼에도 불구하고 로마제국의 도움을 받지 않고도 도시를 재건할 수 있을 정도로 부유했습니다.

지정학적으로도 독특한 구조를 갖고 있습니다. 이곳은 리쿠스 계곡과 메안더 계곡 사이의 길목에 있는 도시입니다. 조금 높은 언덕에 있는 도시이기도 했죠. 상업적, 경제적으로 중요하고 부요했던 도시였지만 높은 지역에 있다 보니 문제가 하나 있었습니다. 바로 물 공급의 문제입니다. 그래서 인구가 늘어나면서 외부로부터 아쿠아덕트라고 하는 수로를 만들어서 물을 끌어옵니다. 그러다 보니까 이 지역에 물 문제가 생기게 됩니다. 뒤에서 우리가 살펴보겠지만, 뜨겁지도 않고 차지도 않다는, 물과 관련된 이야기가 여기서 나오게 되는 것이죠.

라오디게아는 세 가지 물품이 유명했습니다. 첫째로 모직물의 제조업이 유명했고요. 그 다음으로 의술 학교가 있었습니다. 의사들이 여러 가지 질병도 고치고 약을 제조하기도 했는데 특별히 안질을 고치는 안약이 유명했던 곳이라고 합니다. 역시 이것도 뒤에 나옵니다만, 안약을 사서 눈에 바르라는 말씀이 이것과 무관하지 않다는 것을 알 수 있습니다.

진행자 지역적 특성이 이렇게 반영되는 것이 참 신기해요.

박윤성 목사 그렇죠. 그것을 알고 그 교회의 형편에 맞게끔 말씀하시는 것이죠. 그리고 또 한 가지, 라오디게아 지역은 은행업이 발달했었습니다. 시세로라는 사람은 라오디게아에 가서 돈을 바꿀 것을 권장하는 글을 쓰기도 합니다. 이처럼 라오디게아는 돈이 많고 공업과 상업이 발달한 도시였다는 것을 알 수 있습니다.

진행자 우리가 지금까지 교회에 적합한 모습으로 주님이 나타나신 것을 만나 봤는데, 오늘 라오디게아 교회에게 주님이 어떤 모습으로 나타나실지 또 어떤 특징이 있는지 궁금합니다.

박윤성 목사 성경을 잘 보셨는데요, 먼저 우리가 주님의 모습을 봐야하죠.

"라오디게아 교회의 사자에게 편지하라 아멘이시요 충성되고 참된 증인이시요 하나님의 창조의 근본이신 이가 이르시되"(3:14).

박윤성 목사 라오디게아 교회에 나타난 주님의 모습, 자기소개입니다. 충성되고 참된 증인이라고 말씀하셨는데 이것은 3장 7절에 빌라델비아 교회에게 나타나셨을 때도 진실 되신 주님이라고 나왔었습니다. 그런데 오늘 14절에 나온 주님의 모습은 조금 더 강조된 표현입니다. "아멘이시요 충성되고 참된 증인이시요" 이렇게 3번 반복합니다. 히브리 문학도 마찬가지이지만, 헬라문학에서 3번 반복을 할 때는 아주 강한 강조점을 말합니다. 그래서 예수님을 소개할 때 아멘이시요 참된 증인이시요 충성된 증인이라고 강조하고 있습니다. 이유가 있겠죠. 라오디게아 교회의 문제점이 바로 여기에 있다는 것입니다. 이 교회가 충성되지 못한 점이 있기 때문에 주님의 모습이 여기서 충성된 증인으로 나타나는 것입니다.

진행자 역설적으로 그렇게 나타나셨네요.

박윤성 목사 그렇죠. 그 교회에 적합한 모습으로 등장하신 것입니다. 그리고 여기서 주님을 말할 때 "아멘이시요"라고 말합니다. 아멘이신 부활하신 그리스도를 말씀하는데, 이 묘사는 이사야 65장 16절에서 가져온 것입니다. 영어성경에 NEB 라는 성경이 있거든요. 번역을 참 잘했습니다. 거기에 보면 "그의 이름이 아멘이신 하나님"이라고 번역해 놓았어요. "그의 이름이 아멘이신 하나님"은 우리 주님의 속성과 모습을 이야기해 줍니다. 언제나 예수님은 충성되셔서 하나님께 아멘이셨고, 주님께는 'Yes'만 있었다고 성경은 말씀하고 있지 않습니까? 그래서 예수님께서는 충성된 증인으로, 아멘이신 하나님으로 등장하고 있음을 우리에게 보여주고 있습니다.

뿐만 아니라 요한은 14절 후반절에서 예수님을 "하나님의 창조의 근본이신 이"라고 말하고 있습니다. 하나님의 창조의 근본이시라는 말은 그리스도가 창조의 첫 창조물이라는 말이 아닙니다. '하나님의 모든 창조물의 원천적 근원이다', '이분이 창조주다'라는 말입니다. 주님을 소개할 때 '창조주이신 주님'이라고 표현하고 있는 것입니다.

참 재미있고 감사한 것은 라오디게아 교회와 가까이 약 16km 떨어진 곳에 골로새 교회가 있었어요. 신약성경에 보면 골로새서가 있죠. 이 골로새서 1장에서 예수님을 묘사할 때 만물이 그에게서 창조되었고 만물보다 먼저 계셨다고 예수님에 대한 찬양시가 나오는데, 아마도 이 골로새서가 회람서신이었기 때문에 라오디게아 교인들도 알고 있지 않았을까 하고 추측해 볼 수 있습니다. 라오디게아 교회에게도 주님을 소개할 때 만물의 근원 되시고 창조의 근본 되신 주님이 우리에게 말씀하신다고 알려주고 있습니다.

"내가 네 행위를 아노니 네가 차지도 아니하고 뜨겁지도 아니하도다 네가 차든지 뜨겁든지 하기를 원하노라 네가 이같이 미지근하여 뜨겁지도 아니하고 차지도 아니하니 내 입에서 너를 토하여 버리리라"(3:15,16).

진행자 여기 아까 말씀해 주신 것처럼 "차지도 아니하고 뜨겁지도 아니하다"라고 나오는데요. 물에 대한 느낌이 와 닿는 것 같습니다. 이 말씀은 부정적인 의미인가요?

박윤성 목사 차지도 않고 뜨겁지도 않다. 우리가 보편적으로 들을 때 뜨겁다는 것은 '신앙이 뜨겁다'라고 느껴지죠?

진행자 열정적이라고 느껴집니다.

박윤성 목사 차갑다는 것은 믿음이 없는 것처럼 들리기도 해요. 이처럼 이 부분에 대해서 예전에는 뜨거운 신앙은 좋은 신앙이고 차가운 것은 믿음이 식어버린 것이 아니냐고 생각했었습니다. 그러나 이 라오디게아 지역의 지형, 정황들을 알게 되면 그렇지 않다는 것을 알 수 있습니다. 뜨겁지도 않고 차지도 않으면 미지근한 것인데, 이 미지근한 것이 문제가 됩니다. 미지근한 것은 우상숭배와 타협하는 신앙을 표현하는 것입니다.

라오디게아가 물 사정이 안 좋다고 하지 않았습니까? 그래서 이 라오디게아는 물을 끌어다 쓰게 됩니다. 수로를 통해서, 또는 지하 관을 통해서 뜨거운 물을 끌어다 쓰기도 했습니다. 골로새에서는 차가운 물을 끌어다 쓰기도 했습니다. 그래서 우리는 정황을 잘 이해해야만 성경을 바로 해석할 수 있습니다. 히에라폴리스라는 북쪽 지방에서는 온천물이 나옵니다. 지금도 온천물이 흘러 내려와서 언덕이 흰 석회로 둘러싸여 있습니다. 여기서 온천물을 끌어다 썼는데 온천물이 오다가 식어버리는 거죠. 온천물이 식으면 어떻게 될까요? 냄새가 좀 나겠죠.

진행자 용도도 애매해졌을 것 같아요.

박윤성 목사 그렇죠. 먹기도 어려울 겁니다. 이상한 냄새도 나고. 이렇게 미지근한 상태로 와 버린 것이 문제였던 것이죠. 뿐만 아니라 라오디게아 근처에 있는 골로새 지역에서는 약효가 있다고 생각했던 찬물이 나왔습니다. 이 골로새에서도 물을 끌고 왔었는데, 찬물이 오다가 역시 미지근해졌습니다. 그런 상태로 라오디게아에 공급되는 물에 문제가 생겼던 것입니다. 그래서 오늘 라오디게아 교회의 영적 상태를 이야기할 때 '뜨겁지도 않고 차지도 않다', '뜨겁든지 차든지 하라'고 말씀하는 것입니다. 뜨거운 것도 좋은 것이고 찬 것도 좋은 것인데 지금 이 교회는 미지근한 게 문제였던 겁니다.

진행자 그러면 특별히 미지근하다고 말씀하셨던 이유가 있었을 것 같아요.

박윤성 목사 그렇죠. 미지근한 이유가 그 지역의 경제 상황과 맞물려 있습니다. 신앙과 경제, 신앙과 삶이 분리가 되지 않듯이 장사를 하고 사업을 하려다 보니까 우상숭배와 타협을 해 버린 것이죠. 믿음을 갖고 있으면서도 세상 속에서 물들어 버린 이들의 모습, 그들의 영적 상태를 미지근해져 버렸다고 말씀합니다. 차라리 내가 토해 버릴 것이라고 표현하고 있는 것이죠.

> "네가 말하기를 나는 부자라 부요하여 부족한 것이 없다 하나 네 곤고한 것과 가련한 것과 가난한 것과 눈 먼 것과 벌거벗은 것을 알지 못하는도다"(3:17).

박윤성 목사 이 라오디게아 교회의 문제가 무엇이냐면 자칭 부자라고 하는 거죠. 사실 이 사람들은 부자였어요. 경제 활동이 활발한 곳이었고 돈이 많은 곳이었기 때문에 부자였습니다. 그런데 문제는 영적 상태가 문제가 되는 것입니다. 타협함으로 우상숭배에 빠지게 되면서 물질적으로는 부유해졌어요. 우상 신전에 가서 절을 하고 물건을 떼어다가 팔다 보니까 경제적으로는 부요해 진 겁니다. 그러나 주님의 평가는 어떻습니까? 가난한 자라고 이야기하고 있죠.

우리가 앞에서 서머나 교회를 살펴봤었는데요. 서머나 교회는 비록 경제적으로는 가난했지만 영적으로는 부자였다고 평가하셨습니다. 지금 라오디게아 교회에게는 물질적으로는 부자이지만 영적으로는 가난하다고 말씀하시는 것을 우리가 눈여겨봐야 합니다.

진행자 정말 두 교회가 대조적이라는 것이 다시 한 번 느껴집니다.

박윤성 목사 그렇죠. 라오디게아에는 은행이 많았다고 했죠? 은행이 많아서 돈은 많았지만 영적으로는 가난해져 버린 겁니다. 의사들이 있어서 약은 많이 있었지만 영적인 눈이 멀어버린 겁니다. 의류공장이 많아서 옷이 많았지만 그들의 영적 상태는 벌거벗어 버렸다고 평가하고 있는 것이죠. 영적으로 많이 약해져 버린 이 교회를 여기서 말씀하고 있는 것입니다.

진행자 미지근합니다.

박윤성 목사 미지근해서 문제가 되었던 것입니다. 오늘날 우리 교회들도 보면, 우리나라가 경제적으로 발전해서 돈은 있고 상황은 좋아졌으나 미지근해져 버린 신앙을 갖고 있는 것은 아닌지 반성을 해야겠습니다.

"내가 너를 권하노니 내게서 불로 연단한 금을 사서 부요하게 하고 흰 옷을 사서 입어 벌거벗은 수치를 보이지 않게 하고 안약을 사서 눈에 발라 보게 하라"(3:18).

박윤성 목사 이 18절의 말씀은 17절 말씀의 귀결, 결론 부분입니다. 17절 이 조건절로 구성이 되어 있는데요. "~하니 18절은 ~해야 한다." 이렇게 18절을 봐야합니다. 라오디게아 교회에 영적인 문제가 생겼기 때문에 "연단한 금을 사서"라고 말씀하고 있죠. 그 도시에는 금이 많았죠. 금을 제련하는 시설들도 볼 수가 있었습니다. 그래서 그런 상황을 가지고 말씀하는데 이 교회가 필요한 것은 "연단한 금을 사서 부요하게 하고", 즉 영적으로 부요하게 돼야 한다는 겁니다.

이 연단한 금을 산다는 것은 욥기 23장에도 나옵니다. 잠언 27장, 말라기 3장에도 나오는데, 죄를 없애야 한다는 뜻입니다. 회개해야 한다는 것이죠. 그래서 믿음이 가난해져 있는, 믿음에 문제가 생긴 이 교회가 연단한 금을 사서 회개함으로 정결하게 돼야 한다는 것을 명령하고 계시는 겁니다.

진행자 그런데 "산다"라고 표현한 것이 흥미롭습니다.

박윤성 목사 금을 사는 개념을 가지고 들어오는 것입니다. 우리가 잘못 된 영적 상태를 회복하기 위해서 그러한 노력이 필요하다는 것을 알 수 있습니다. 이런 영적 상태를 극복하기 위해서는 흰 옷을 사서 입어 벌거벗은 수치를 보이지 않게 하라고 권면합니다. 이 도시에는 모직물이 많았거든요. 그래서 흰 옷을 사서 입으라고 하니까 금방 이해를 한 겁니다. 흰 옷이라는 것이 우리가 잘 알고 있듯이 우상숭배를 거부하고 믿음의 순수성을 지키기를 우리에게 요청하는 말씀이라고 볼 수 있습니다.

뿐만 아니라 "안약을 사서 눈에 발라 보게 하라"고 하십니다. 이곳에는 실제로 안약이 있었거든요. 그래서 질병이 생기면 안약을 사서 발랐는데, 지금 이 라오디게아 교회의 영적 타락, 미지근함에서 영적인 눈이 밝아져야 한다는 것을 의미하는 것이죠. 그래서 안약을 사서 눈에 발라 보게 하라고 명령하고 있는 것입니다.

진행자 정말 도시의 상황과 환경, 정황을 알아야만 잘 이해할 수 있다는 것을 다시 한 번 느낍니다.

박윤성 목사 갑자기 나온 말씀이 아니라 그 교인들이 잘 아는 상황들로 말씀하는 것이었죠. 이처럼 라오디게아 교회의 영적 침체는 우상숭배와 타협이라는 것에서 온 것입니다. 그러므로 18절과 19절을 통해 교회가 새롭게 되는 길은 회개함으로 그리스도께 다시 헌신하는 일을 회복하는 것입니다. 그래야 영적으로 부자가 된다는 것을 알 수 있습니다.

"무릇 내가 사랑하는 자를 책망하여 징계하노니 그러므로 네가 열심을 내라 회개하라"(3:19).

박윤성 목사 여기에서 주님이 해결방법을 알려주십니다. 엄한 책망의 말씀이 나오고 있죠. '사랑하는 자를 책망하여 징계하노니'라고. 잠언 3장에 보면 "대저 여호와께서 그 사랑하시는 자를 징계하시기를 마치 아비가 그 기뻐하는 아들을 징계함 같이 하시느니라"라고 말씀하셨죠. 징계하고 책망하는 이유는 사랑하기 때문입니다. 주님께서는 이 교회가 회복되기를 정말 원하는 사랑의 마음으로 책망의 말씀을 하고 있습니다. 우리는 그래서 이 책망의 말씀을 믿음으로 받아들여야 합니다. 교회 안에서 주님의 말씀 중에 책망의 말씀도 들을 줄 아는 성도들이 되어야 할 것입니다. 그때 다시 열심을 낼 수 있는 주님의 귀한 제자들이 될 것입니다.

"볼지어다 내가 문 밖에 서서 두드리노니 누구든지 내 음성을 듣고 문을 열면 내가 그에게로 들어가 그와 더불어 먹고 그는 나와 더불어 먹으리라"(3:20).

진행자 유명한 성경 구절이죠? 많은 분들이 암송하시는 구절인데요. 우리가 전도하면서 영접기도를 시킬 때도 많이 사용하잖아요. 오늘 이 말씀을 보니까 라오디게아 교회뿐만 아니라 이 시대를 살아가는 우리 성도들에게도 필요한 말씀인 것 같습니다.

박윤성 목사 우리가 이 구절을 전도할 때 많이 쓰잖아요. 마음의 문을 열고 주님을 영접할 것을 요청하면서 말이죠. 그런데 원래는 이 말씀이 교인들에게 주시는 말씀입니다. 특별히 이 말씀은 라오디게아 교회에 주시는 말씀인데, 지금 영적으로 타락해 있고 미지근해져 버린 이 교회의 성도들에게 주시는 말씀인 것이죠. 다시 주님과의 관계를 회복해서 성숙해 가기를 초청하는 말씀입니다. 이 말씀은 아가서 5장에서 가져온 말씀인데요. 아가서 5장 2절을 보면 이런 말씀이 있습니다. "나의 사랑하는 자의 소리가 들리는구나. 문을 두드려 이르기를 나의 누이, 나의 사랑, 나의 비둘기, 나의 완전한 자야 문을 열어 다오" 귀한 말씀이죠. 이 말씀에서 가져온 겁니다.

그래서 20절을 보면 "내가 문 밖에 서서 두드리노니 누구든지 내 음성을 듣고 문을 열면 내가 그에게로 들어가"라고 하는데, 이것은 아가서 5장의 말씀을 반영하는 것입니다. 주님과 교회의 관계를 새롭게 할 것을 요청하는 겁니다. 왜냐하면 남편이 안방의 문을 두드리는데 아내가 문을 안 여는 거예요. 아가서에 보면 그런 장면이 나옵니다. 여인이 머뭇머뭇거리는 거예요. 그 장면을 가지고 들어온 겁니다. 그래서 유사하게 남편이신 그리스도께서 그의 부인인 교회의 문을 두드리고 계신 겁니다. '너의 마음의 문을 열고 나와 깊은 교제를 갖기를 원한다'는 것이지요. 주님의 이 따뜻한 사랑의 음성이 여기에서 들려지는 겁니다.

비슷하게 유대인 주석가들도 이렇게 해석을 했습니다. 문을 열라는 아가서의 말씀을 이스라엘 백성들의 하나님과의 언약적 관계에서 관계를 회복해야 한다고 해석하고 있습니다. 그러니까 이 말씀을 종합해 보면 신앙에 문제가 생겼고 미지근해져 버린 이 라오디게아 교회뿐만 아니라, 미지근해서 신앙생활을 어려워하시는 우리 성도들이 회복해야 할 것이 이것입니다. 주님이 지금 우리 마음의 문을 두드리고 계신다는 겁니다.

감사하게도 이 20절에 나와 있는 단어들을 유심히 보면 "주님께서 문 밖에 서서"라고 표현했는데, 현재진행형으로 쓰여 있습니다. 문 밖에 계속 서 계시는 거예요. 두드린다는 단어도 현재진행형입니다. 계속 두드리고 계신 겁니다. "내가 두드리노니", 이것도 현재능동태형으로 쓰여 있습니다. 종합하면 이런 말씀입니다. 지금 믿음이 약해졌고 미지근한 성도들에게 주님은 지금도 우리의 문 밖에 서서 계속적으로 문을 두드리고 계십니다. 그렇게 신앙생활 하지 말고, 뜨겁거나 차갑게 주님을 사랑하는 마음으로 회복되기를 바라며 계속 문을 두드리고 계신다는 겁니다.

또 감사한 것은 "문을 열면 그에게로 들어가 그와 더불어 먹고 그는 나와 더불어 먹으리라"라고 했지요. '먹는다'는 단어를 쓰셨는데 이것을 보면 혹시 생각나는 구절이 있지 않습니까? 성찬이죠.

진행자 네, 성찬식도 기억나고요. 예수님께서 부활하신 후에 제자들 앞에 나타나셔서 아침을 먹이신 장면도 기억이 납니다.

박윤성 목사 네, "조반을 먹어라" 하시고, 예수님께서 떡을 떼어 주시고 물고기를 나눠주시고. 성찬이 기억나는 구절입니다. 실질적으로 이 단어는 성찬 때 쓰이는 단어가 맞습니다.

진행자 네, 그렇군요.

박윤성 목사 누가복음 22장, 요한복음 13장, 고린도전서 11장 등등에 보면 어원이 같아요. 그래서 우리가 마음의 문을 열면 주님이 우리에게 찾아오셔서 관계가 회복되고 주님의 몸과 피를 우리가 먹고 마시듯이 그분과 영적인 교제, 사랑의 관계가 회복되는 것을 말씀하고 있습니다. 참 감사한 말씀이죠. 아무리 믿음이 약하고 우리가 어려워도 주님은 계속 두드리고 계십니다. '네 마음의 문을 열고 나와 사랑의 관계를 회복했으면 좋겠다.' 하시며 두드리고 계신 주님을 우리는 만나게 됩니다.

진행자 죄짓고, 토라지고, 나락에 빠진 자들을 다시 찾아오셔서 마음의 짐을 내려놓고 다시 나에게 문을 열어달라고 외치시는 주님, 이것이 참사랑이 아닐까 싶어요. 우리가 전도할 때도 이 구절을 많이 쓰지만 이제는 우리 안에서 회복할 때 이 말씀을 기억하면서 의지하며 우리 마음을 주님께 열고 있는지 점검할 필요가 있을 것 같습니다.

박윤성 목사 그렇습니다. 이와 같이 마음의 문을 열고 영적으로 회복되면 상급을 주시죠.

진행자 드디어 상급이 나왔습니다.

"이기는 그에게는 내가 내 보좌에 함께 앉게 하여 주기를 내가 이기고 아버지 보좌에 함께 앉은 것과 같이 하리라"(3:21).

박윤성 목사 이기는 그에게, 즉 회개하고 주님과의 관계가 회복된 성도들에게는 상급을 주십니다. 그 상급은 주님과 함께 다스리는 권세입니다. "내가 내 보좌에 함께 앉게 하여 주기를"이라고 했습니다. 앞으로 나올 요한계시록 4장을 보면 24보좌와 장로들이 나오는데 보좌에 이미 앉아 있는 성도들의 모습을 알게 됩니다. 주님께서는 믿음을 회복한 성도들을 하늘의 보좌에 함께 앉게 하는 분이십니다. 그래서 주님과 함께 통치하는 통치자의 영광에 우리를 앉게 해 주실 것입니다. 그러므로 놀라운 상급이 아니겠습니까? 믿음을 회복한 성도들에게 이제는 주님과 함께 다스리는 상급을 주시게 될 줄로 믿습니다.

진행자 아멘. 다시 자녀 됨을 회복시키겠다는 말씀으로 들려요. 함께 앉아서 주님 옆에서 모든 특권을 누릴 수 있다는... 그러므로 마음의 문을 열어야 될 것 같습니다. 지금 혹시 마음의 문을 닫고 주님이 들어오실 자리를 내어주지 않으셨다면 지금이 마음의 문을 열 때라는 것을 말씀드리고 싶습니다. 오늘 하루 저희가 이 말씀들을 기억하면서 삶에 어떻게 적용하면 좋을까요?

박윤성 목사 신앙생활을 하다 보면 사랑도 식고 믿음도 약해지는 경우가 있습니다. 따라서 미지근해지면 토해내시리라는 경고의 말씀에 귀 기울여야 할 것입니다. 다시 회개하고 정금 같이 새로워지는 열정적인 신앙의 사람이 되었으면 좋겠습니다.

진행자 아멘! 감사합니다. 오늘 저도 목사님 말씀을 들으면서 따뜻하지도 차지도 않은 미지근한 신앙을 벗어야겠다고 반성하는 시간을 가졌습니다.

함께 이야기하기

1 그리스도의 하나님께 대한 충성을 묵상하면서 우리들의 충성, 신실함을 이야기해 봅시다. 그리고 우리의 부족함을 채울 방법을 이야기해 봅시다.

2 여러분의 신앙생활 중에서 가장 뜨거웠던 때는 언제 이었습니까? 그리고 그 뜨거움을 잃어버리게 된 이유는 무엇이라고 생각하십니까?

3 여러분들이 지금 미지근한 신앙을 소유하고 있다면, 3:20의 말씀을 기억하면서 주님에게 마음의 문을 열고 사랑의 관계를 다시 회복하시는 기도를 드리시기 바랍니다. 문밖에 서서 기다리시는 주님을 묵상하며 우리들의 강퍅해진 마음을 여는 시간을 가집시다.

11

진정한 예배(4:1-11)

진행자 오늘은 4장을 시작해야 하는데요, 4장이 요한 계시록의 핵심인 것 같습니다. 4장을 어떻게 보면 좋을지 개괄적인 설명을 부탁드립니다.

박윤성 목사 드디어 계시록의 핵심 장 중 하나인 4장에 들어왔습니다. 계시록에서 4장과 5장은 핵심 장입니다. 4장이 핵심 장인 이유는 보좌에 앉으신 하나님의 모습이 드러나기 때문에 그렇습니다. 4장을 비롯해서 계시록에는 하나님의 보좌라는 단어가 참 많이 나옵니다. 4장에 보면 하나님의 보좌에서 하나님의 주권이 행사됩니다.

예수님이 우리에게 가르쳐주신 기도가 있지요. "뜻이 하늘에서 이루어진 것처럼 땅에서도 이루어지이다" 예수님이 이 땅에 오신 목적은 우리를 구원하시기 위함이지만, 더 근본적인 목적은 바로 여기에 있습니다. 하늘에서 하나님의 온전한 통치가 이루어지고 있습니다. 하늘에서는 하나님이 온전히 예배를 받으시는데, 이 땅에서 문제가 생긴 것이지요. 죄로 인해서 마귀의 세력이 하나님의 뜻을 온전히 이루어지지 못하도록 막고 있는 것입니다. 그래서 예수님께서는 뜻이 하늘에서 이루어진 것처럼 땅에서도 이루어지기를 기도하라고 우리에게 가르쳐주신 것입니다.

4장에서는 하나님의 보좌를 봐야 하는데, 보좌는 두 가지 이미지를 생각해야 합니다. 첫 번째는 예배 이미지입니다. 보좌에 앉아계신 하나님께 네 생물과 이십사 장로와 천사들과 피조물들이 하나님을 예배하는 모습이 등장합니다. 1세기 당시에 로마 황제가 자기가 신이라 주장하며 예배를 받았는데, 이러한 부조리를 지적하는 것입니다. 또 한 가지 보좌의 중요한 점은 정치적인 이미지입니다. 보좌는 통치하는 곳이지요. 로마의 거짓된 통치가 하나님의 신적인 주권으로 대체되어야 한다는 것을 강력하게 드러낸 장이 바로 4장입니다.

그래서 4장은 예배의 이미지와 통치의 이미지가 드러나는데, 장차 하나님의 나라에서는 모든 생물들과, 모든 인간들, 그리고 모든 생물이 그분을 예배하고 통치를 받아야 함을 말하고 있습니다. 뒤에 나오는 모든 심판과 재앙 시리즈들, 모든 내용들은 다 이 보좌에서 나옵니다. 그러니까 4장은 계시록의 핵심 장이라고 봐야 합니다.

진행자 모든 것을 이해하기 위해서는 보좌의 의미와 하나님의 주권 되심을 잘 살펴봐야 필요가 있겠네요.

박윤성 목사 그렇습니다.

"이 일 후에 내가 보니 하늘에 열린 문이 있는데 내가 들은 바 처음에 내게 말하던 나팔소리 같은 그 음성이 이르되 이리로 올라오라 이후에 마땅히 일어날 일들을 내가 네게 보이리라 하시더라"(4:1).

진행자 네, 목사님. 여기 보니까요. 하늘이 열리고 요한이 하늘에 올라가는 장면이 나타나는데요. 요한이 실제로 하늘로 올라갔을까요? 환상 중에 올라갔을까요?

박윤성 목사 아주 좋은 질문입니다. 요한이 계시를 받다가 하늘로 올라갑니다. 하늘에 올라간다는 것은 구약의 선지자들에게 나타났던 현상들이었습니다. 하나님이 선지자들을 부르셔서 환상 중에 하나님의 하늘 보좌, 하나님의 어전회의에 참여하게 합니다. 그러므로 요한도 선지자 중의 한 사람의 모습으로 하늘로 올라가는데, 환상 중에 올라가는 것이라고 볼 수 있겠습니다.

다니엘서 7장, 에스겔서 1장 서론에 하늘이 열리고 하늘로 올라가는 장면들이 나옵니다. "이 일 후에 내가 보니"라고 말하고 있지요? 요한도 역시 하늘에 열린 문을 보면서 환상 중에 하늘로 초대를 받게 됩니다. 놀라운 것은 자기가 들었던 음성에 의해서 초대가 된다는 것입니다. 들었던 음성은 1장 10절에 나왔는데, 그리스도의 음성이 이번에도 요한을 부르시게 됩니다. 사실 인간은 하늘의 보좌 모습을 모르잖아요. 사도 요한을 통해서 하늘의 보좌, 하늘의 모습을 보여주기 위해서 열린 문으로 초대하시는 것입니다.

"내가 곧 성령에 감동되었더니 보라 하늘에 보좌를 베풀었고 그 보좌 위에 앉으신 이가 있는데"(4:2).

진행자 목사님, 2절과 그 뒤에 3절을 보니까 하늘에 보좌가 있고 아름다운 보석으로 그 보좌가 치장되어 있는데, 참 아름다운 모습이네요. 이 보좌는 누구의 보좌인지 궁금해지는데요.

박윤성 목사 그렇죠. 하늘의 보좌가 열렸고 그 보좌에 앉으신 이가 있는데 누굴까요?

진행자 하나님이시네요.

박윤성 목사 네 맞습니다. 이제 요한이 환상 중에 하늘에 올라가죠. 성령 안에서 하늘에 보좌를 보게 되는데 이 보좌에서 펼쳐지는 천상의 어전회의를 보게 됩니다. 하나님께서 구원의 역사를 이끌어가는 것을 보여주기 위해서 회의가 열린 것입니다. 여기서 부름 받은 선지자로서 요한은 호출 받아서 올라가게 된 것이죠. 하나님의 감추어진 목적을 알아서 백성들에게 전달하기 위해서 하늘로 올라가게 됩니다.

이 보좌는 진리와 실제가 분명하게 보이는 것이라고 이야기할 수 있습니다. 이 보좌에서 하나님이 요한에게 보여주시는 것은 앞으로 될 일들입니다. 즉 6장부터 22장까지의 이야기입니다. 그리고 인봉된 책을 보게 되는데 그 책이 오픈됩니다. 인봉된 책이 오픈되면서 하나님의 심판과 구원의 역사가 펼쳐지게 되는 것입니다. 그래서 이제 보좌로부터 부르심을 받고, 이 책의 내용들을 듣게 되는 아주 중요한 장면이라 할 수 있습니다.

진행자 콜링의 시간이군요.

박윤성 목사 그리고 보좌에 앉으신 이는 하나님이십니다. 하나님의 보좌가 계시록 4장에서 22장까지 보면 38번이나 나옵니다. 그런데 4장과 5장에서만 17번이 나옵니다. 보좌가 왜 이렇게 많이 나올까요? 그것은 1세기 그리스도인들의 생각에 하나님의 통치가 이 땅에서부터 떨어져 있는 것처럼 느꼈던 상황과 관계가 있습니다. 1세기 그리스도인들은 예수님을 믿는다는 이유 때문에 핍박과 고난을 당하고 있었습니다. 핍박을 당하고 고난을 당하면 사람들이 어떤 생각을 하게 될까요? 하나님이 멀리 계신가 보다, 하나님이 나를 도우시지 않는가 보다, 이런 생각을 하게 됩니다.

우리들도 신앙 생활하다보면 그럴 때가 있죠. 고난이 오고 역경이 오면 하나님이 멀리 계신가 보다, 이런 생각을 하게 됩니다. 그러나 그렇지 않다는 것입니다. 보좌라는 단어가 많이 나오는 이유는, 비록 하나님의 보좌가 하늘에 펼쳐져 있지만, 하나님께서 이 땅의 일들을 통제하고 계심을 보여주기 위함입니다, 이 땅의 일들을 다스리고 계시다는 것을 강조하기 위해서 요한계시록에 이 보좌라는 단어가 38번이나 나오는 것이죠.

진행자 그것도 대단한 특징이네요.

박윤성 목사 그렇죠. 고통당하는 백성들에게 하나님께서 함께 하고 계십니다. 하나님께서 다스리고 계신 것을 기억나게 하는 것이 바로 이 말씀입니다. 그래서 이 고난과 역경 속에서도 성도는 그 고난을 이겨나가면서 승리할 수 있는 삶을 살게 되는 것이죠.

"앉으신 이의 모양이 벽옥과 홍보석 같고 또 무지개가 있어 보좌에 둘렸는데 그 모양이 녹보석 같더라"(4:3).

박윤성 목사 보좌에 앉으신 이, 하나님의 모양을 여기 이야기합니다. 하나님의 모양을 우리가 어떻게 설명할 수 있겠습니까? 그래서 요한은 아주 좋은, 아주 아름다운 보석의 모양으로 이야기하죠. "벽옥과 홍보석과 녹보석 같더라" 보석은 하나하나 따로따로 해석하면 안

되고 집합적으로 생각을 해야 합니다. 이것은 하나님의 높으심과 영광스러움을 인간의 언어로 표현하다 보니 아름다운 보석으로 표현하게 된 것입니다. '우리 하나님이 얼마나 높고 얼마나 영광스러운 분이신지를 바라봐라' 하는 것이 3절의 내용입니다. 우리에게 아무리 큰 고난이 있어도 영광스러운 하나님을 본다면 우리의 고난은 아무 것도 아닌 것이 됩니다.

진행자 위로가 되지요.

박윤성 목사 네, 위로와 이길 수 있는 힘이 생기는 거죠.

진행자 여러 가지 아름다운 장식과 무지개가 있어서 보좌에 둘렸다는 것을 상상만 해봐도 정말 주님의 왕 되심, 주님의 주권자 되심을 생각해볼 수가 있네요.

박윤성 목사 무지개를 기억하면 특별히 기억나는 사건이 있죠? 노아의 홍수 이후에.

진행자 약속인가요?

박윤성 목사 네. 하나님께서 노아에게 무지개를 보여주시면서 다시는 물로 심판하지 않겠다고 약속하셨습니다. 무지개는 하나님의 언약의 표징이었습니다. 하나님의 자비하심이죠. 하나님은 은혜의 하나님, 언약의 하나님이라는 것을 무지개를 통해서 보여주시는 장면입니다. 그러니까 '영광스럽고 높은 보좌에 앉아 계신 하나님은 언약의 하나님이다, 약속의 하나님이다'라는 것을 우리에게 보여주는 것입니다. 그러므로 고난당하는 성도들은 이 말씀을 들음으로 새로운 믿음과 용기를 갖고 고난을 이겨나갈 수 있는 힘을 받을 수가 있게 되었겠죠.

"또 보좌에 둘려 이십사 보좌들이 있고 그 보좌들 위에 이십사 장로들이 흰 옷을 입고 머리에 금관을 쓰고 앉았더라"(4:4).

박윤성 목사 하나님의 보좌 주변에 이십사 보좌가 또 있습니다. 이십사 보좌에는 누가 앉아 있겠습니까? 4절에서 이십사 장로들이라고 이야기합니다. 해석이 여러 가지가 있는데 가장 중요한 해석을 말씀드리겠습니다. 24는 12 더하기 12입니다. 구약의 12지파와 신약의 12제자를 기억하셔야 합니다. 이 둘의 합이 24이지요. 그러니까 이십사 장로들이란 신·구약의 대표들입니다. 대표자들 속에는 모든 교인들이, 모든 하나님의 백성들이 포함되는 것이지요.

첫 번째 아담 때문에 모든 죄가 우리에게 들어 왔고, 두 번째 아담 되신 예수님 때문에 구원을 받게 되었습니다. 이것을 내포적 대표자라고 말합니다. 모든 사람을 내포해서 대표하는 내포적 대표자입니다. 마찬가지로 이십사 장로도 이십사 명만의 장로를 이야기하는 것이 아니라, 구약의 열두 지파의 대표, 신약의 열두 사도의 대표입니다. 그러므로 신구약의 교회를 말하는 것입니다.

진행자 모든 성도들이네요.

박윤성 목사 그렇죠. 하나님 주변에 신구약의 보편적인 하나님의 교회가 그 자리에 앉아 있다는 것을 우리에게 보여주는 것이라고 볼 수 있겠습니다.

> "보좌로부터 번개와 음성과 우렛소리가 나고 보좌 앞에 켠 등불 일곱이 있으니 이는 하나님의 일곱 영이라"(4:5).

박윤성 목사 이 하나님의 보좌로부터 번개와 음성과 우렛소리가 납니다. 어디서 많이 들었던 이야기 아닙니까? 출애굽기 19장에 보면 하나님의 나타나심, 하나님의 현현이라고 이야기 합니다. 하나님이 나타나실 때 번개와 음성과 뇌성으로 그 분의 영광과 거룩하심을 드러냈었죠. 그 보좌 주변에서 이런 현상이 드러나는 것입니다. 그리고 그 보좌 앞에 등불 일곱이 있습니다. 일곱은 하나님의 숫자지요. 완전수입니다. 등불 일곱이 있었는데, 이는 하나님의 일곱 영입니다. 하나님의 일곱 영은 누구일까요? 성령님을 말합니다. 완전하신 성령님을 말합니다.

성경을 공부할 때 중요한 것은 문맥을 잘 봐야 합니다. 앞 뒤 문맥이 해석을 다 해주거든요. 성경이 어려운 것이 아니에요. 성도들이 성경을 어렵게 생각하는데, 성경은 보편적인 사람들이 다 이해할수 있도록 쓰인 책입니다. 조금 어려운 부분도 있지만, 앞뒤 문맥을보면 해석이 됩니다. "일곱 등불이 있으니 이는 하나님의 일곱 영이라" 성령님이 보좌에 계신 것을 여기서 말씀하고 있는 것이지요.

"보좌 앞에 수정과 같은 유리 바다가 있고 보좌 가운데와 보좌주위에 네 생물이 있는데 앞뒤에 눈들이 가득 하더라"(4:6).

박윤성 목사 보좌 앞에 수정과 같은 유리 바다가 있습니다. 구약에서 이스라엘 백성이 출애굽 했을 때 홍해 바다가 있었죠. 홍해를 건너고난 다음에 노래를 불렀습니다. 찬양을 불렀습니다. 이 현상에서 착안해야 됩니다. 하나님 보좌 앞에 유리 바다가 있다는 것은 진정한출애굽이 이루어졌음을 보여줍니다. 하늘의 진정한 홍해 바다를 건넌, 진정한 출애굽을 한 백성들을 위하여서 "유리 바다와 같은 것이있다", 이렇게 표현하고 있는 것이죠.

그러므로 하나님의 백성들이 누구냐 하면요, 하나님 앞에서 찬양을 부르는 이십사 장로들입니다. 교회의 모습은 새로운 출애굽, 진정한 출애굽을 겪은 성도들이라는 것입니다. 진정한 출애굽은 예수그리스도 안에서 가능합니다. 그것이 진정한 출애굽입니다. 그래서 진정한 출애굽을 겪은 성도들이 하나님 앞에 있고, 유리바다와 같은 곳에서 찬양을 하고 있습니다.

"그 첫째 생물은 사자 같고 그 둘째 생물은 송아지 같고 그 셋째 생물은 얼굴이 사람 같고 그 넷째 생물은 날아가는 독수리 같은데 네 생물은 각각 여섯 날개를 가졌고 그 안과 주위에는 눈들이 가득하더라 그들이 밤낮 쉬지 않고 이르기를 거룩하다 거룩하다 거룩하다 주 하나님 곧 전능하신 이여 전에도 계셨고 이제도 계시고 장차 오실 이시라 하고"(4:7,8).

박윤성 목사 네 생물이 등장해서 하나님을 거룩하다, 거룩하다 찬양을 하는 장면입니다. 네 생물이 누굴까 궁금해지는데요.

진행자 이때부터 좀 어려워진다고 말씀을 많이 하지요.

박윤성 목사 그렇죠. 초대 교부들은 네 생물을 4복음서라고도 이야기 했어요. 마태복음은 사자, 마가는 송아지, 누가는 사람, 요한복음은 독수리로 해석을 했습니다. 사실 네 생물은 모든 생물의 대표입니다. 사자는 맹수의 대표입니다. 송아지는 가축의 대표입니다. 사람이 등장하고, 네 번째로 독수리는 조류의 대표입니다. 그러니까 이것이 무엇을 의미할까요? 하나님이 창조하신 피조물들, 모든 생물들의 대표를 말합니다.

진행자 대표의 의미가 숨겨 있네요.

박윤성 목사 그렇죠. 모든 생물들, 모든 피조물들이 하나님을 찬양하는 것입니다. 어떻게 찬양합니까? "거룩하다, 거룩하다, 거룩하다"라고 찬양하지요. 히브리 문학과 헬라 문학에서 세 번 반복되는 것은 아주 강한 강조입니다. "거룩하다, 거룩하다, 거룩하다" 하나님을 찬양하는 모습이 여기 등장합니다. 그래서 하늘 보좌 하나님께 예배하는 모습으로 우리에게 보여줍니다. 하나님께서는 네 생물들 중 누구의 예배를 정말 받고 싶으실까요? 하나님의 백성들의 예배입니다. 이십사 장로로 대표되는 하나님의 백성들로부터 예배 받기를 하나님은 진정으로 원하십니다.

"그 생물들이 보좌에 앉으사 세세토록 살아 계시는 이에게 영광과 존귀와 감사를 돌릴 때에 이십사 장로들이 보좌에 앉으신 이 앞에 엎드려 세세토록 살아 계시는 이에게 경배하고 자기의 관을 보좌 앞에 드리며 이르되"(4:9,10).

박윤성 목사 하나님은 온 피조물로부터 찬양을 받으시지만, 그 누구보다도 성도들로부터 찬양을 받기를 원하십니다. 이십사 장로가 하나님으로부터 상급을 받았어요. 자기의 관, 면류관을 받았는데 놀라운 것은 이십사 장로들이 자기의 관을 보좌 앞에 드리며 하나님을 경배합니다. 이것이 무슨 의미일까요?

진행자 자기의 받은 모든 것을 드리는 느낌이에요.

박윤성 목사 그렇죠. 하나님께서 주시는 상급을 "아닙니다. 이것은 하나님이 받으셔야 될 영광입니다."라고 다시 돌려드리는 것입니다. 면류관을 벗어서 하나님 앞에 영광을 돌려드리는 것이죠. 우리도 이런 삶을 살면 좋겠습니다. 하나님은 분명 우리에게 상급을 주십니다. 여러분들의 충성과 헌신에 대한 상급을 주시는데, 그때 어떻게 해요? "아닙니다. 이것은 하나님의 것입니다. 하나님이 영광을 받으셔야 됩니다."라고 우리가 벗어드릴 줄 아는 그런 믿음이 되었으면 좋겠습니다.

　마지막 11절인데요. 이것은 찬송의 클라이맥스입니다.

　"우리 주 하나님이여 영광과 존귀와 권능을 받으시는 것이 합당하오니 주께서 만물을 지으신지라 만물이 주의 뜻대로 있었고 또 지으심을 받았나이다하더라"(4:11).

박윤성 목사 "우리 주 하나님이여" 보통 우리가 하나님을 부르는 호칭이지만, 1세기 당시에는 도미티안 황제가 자기를 그렇게 부르라고 했습니다. 로마제국 안에 있는 사람들에게 자기가 "우리 주 하나님"이라고 강조했습니다. 요한은 그 이야기를 여기에 가지고 옵니다. 그래서 도미티안 황제가 우리 주 하나님이 아니고, 하나님만이 우리

주 하나님이시니 영광과 존귀와 권능을 받으시는 것이 합당하다는 것입니다. 이것은 하나님께서 영광과 존귀를 받으실 것을 찬송하는, 찬송의 클라이맥스라고 볼 수 있어요. 이것이 왜 클라이맥스냐 하면, 11절의 이 찬송이 앞으로의 모든 찬양 장면의 기초가 되기 때문입니다. 11절에 나와 있는 찬양이 앞으로 나오게 될 찬양을 미리 보여주는 찬양입니다.

요약하면, 계시록 4장은 하늘의 보좌가 열리고 온갖 예배와 찬송이 드려지는 장면입니다. 진정한 예배는 하나님을 예배하는 것이며, 진정한 다스림은 하나님으로부터 온다는 것을 우리가 배울 수 있습니다.

진행자 제가 본 느낌으로 이십사 장로를 통해서 모든 성도들이 주님 보좌 아래 다 같이 모여서 찬양해야 마땅하다고 생각합니다. 또 모든 하나님이 창조하신 생물들이 함께 하나님을 "거룩하다, 거룩하다, 거룩하다"라고 찬양하는 것이 중요하리라 생각됩니다. 이것이 성도된 자들이 해야 될 일이 아닌가, 하나님께서 우리에게 이렇게 가이드라인을 제시하는 것이 아닌가 하는 생각이 듭니다.

박윤성 목사 그렇습니다. 현재는 고난이 있지만, 그러나 그 하늘의 보좌를 바라보고 찬송하는 우리의 삶이 되었으면 좋겠습니다.

<u>진행자</u> 우리는 하나님의 보좌를 바라보며 그 분께 찬양 드릴 자격이 있다는 것이 우리에게 주는 희망의 메시지가 아닐까 싶어요. 목사님, 4장을 통해서 저희가 어떤 말씀을 기억하면 좋을까요?

박윤성 목사 이 땅에서는 고난이 있어요. 그러나 그것만 바라보지 말고 하늘의 보좌로 눈을 좀 돌렸으면 좋겠습니다. 하나님이 우리를 다스리고 통치하고 계신 것을 보아야 합니다. 그리고 어려움 속에서도 하나님을 예배해야 된다는 것을 꼭 기억하시면 어려움과 환난을 능히 이기게 될 것입니다.

함께 이야기하기

1 일반적으로 사람들은 "역사는 수레바퀴가 도는 것처럼 돌아간다."라고 말합니다. 이 말은 '역사가 순리적으로 돌아간다, 자연적으로 돌아간다.'라는 의미를 포함할 것입니다. 여러분들은 역사를 보는 시각이 어떠하십니까? 역사가 자연적으로 돌아가는 것입니까? 아니면, 그 어떤 분의 계획과 섭리하심 가운데 돌아가는 것입니까?

2 하늘 보좌의 모습을 살펴보았습니다. 이러한 하늘 보좌의 모습이 말하고자 하는 바가 무엇이겠습니까? 하늘 보좌의 실재를 본 우리는 그러면 어떤 의식과 생각을 가지고 현실을 살아가야 하겠습니까?

3 우리가 가지고 있는 부귀와 명예와 칭찬을 하나님께 돌려드리지 않겠습니까? 여러분들이 받으시고, 가지고 계신 것들을 생각해보고, 그 모든 것들을 주신 하나님께 감사하는 시간을 가져봅시다.

12 우리의 소망 예수(5:1-14)

진행자 저희가 오늘부터 5장을 함께 공부하게 되었습니다. 5장에는 어떤 내용들이 담겨 있을까요?

박윤성 목사 5장은 계시록의 핵심 장 중 하나인데요. 예전에 서론을 할 때 말씀을 드렸습니다. 계시록에서는 재앙, 심판이 핵심이 아니라 지난주에 살펴봤던 4장과 5장이 핵심 장이라고 말씀드렸습니다. 4장에서는 하늘이 열리고 하나님의 영광스런 보좌가 있는 것을 보았습니다. 하늘의 보좌는 하나님의 통치하심과 하나님께 예배드림, 이두 가지가 중요한 이슈였습니다. 5장에 들어와서는 하나님께 드리는 예배가 어린 양에 대한 예배로 확장되어 나오고 있습니다.

그래서 계시록은 누구를 예배하느냐의 문제를 보여줍니다. 로마 시대 황제숭배로 어려움을 겪고 있었던 1세기 당시 그리스도인에게 진정한 예배를 받으실 분은 하나님이시고, 그리고 5장에 나타나는 어린 양 예수 그리스도라는 것을 보여줍니다. 그래서 4장과 5장은 하나님의 보좌와 어린 양이 등장하는 핵심 장이라고 볼 수 있습니다. 참으로 중요한 장에 우리가 들어왔습니다.

진행자 이제 요한계시록 5장을 펴시고, 함께 이 성경에 나타난 예수 그리스도를 만나보도록 하겠습니다.

"내가 보매 보좌에 앉으신 이의 오른손에 두루마리가 있으니 안팎으로 썼고 일곱 인으로 인봉하였더라"(5:1).

진행자 두루마리가 있고, 안팎으로 썼고, 일곱 인으로 인봉하였다고 말씀하셨는데요. 목사님, 궁금해지는 것들이 생깁니다. 두루마리에 적혀있는 내용이 무엇인지, 일곱 인으로 봉하였다는 말씀이 어떤 의미인지 알려주세요.

박윤성 목사 보좌에 앉으신 하나님의 오른손에 두루마리가 있다고 말합니다. 이 말씀을 이해하기 위해서는 당시의 문화를 이해해야 됩니다. 당시에는 책을 양피지나 두루마리에 기록했습니다. 보통 양피지나 파피루스에 책을 기록하고 난 다음에, 그것이 중요하고 권위가 있음을 보여주기 위해 인봉을 합니다. 도장을 찍게 되어 있습니다. 우리나라에서도 입학서류나 중요한 서류를 보낼 때 인봉을 하고 도장을 찍죠. 마찬가지로 일곱 개의 도장을 찍어서, 이 책은 권위가 있는 책이라고 보여주는 것입니다. 당시에 계약이나 조약 등 국가 간의 중요한 문서들을 기록할 때도 두루마리에 왕의 도장을 찍어서 완벽한 안전조치를 하였습니다.

봉하여진 두루마리를 누가 열 수 있을까요? 이것은 우리의 숙제가 됩니다. 이 책은 생명책이나 행위 책은 아닙니다. 13장에 가면 생명책이 나오고 21장에 가면 행위 책이 나오는데, 이 책은 하나님의 구원의 계획이 담긴 책입니다. 중요하고 비밀스러운 하나님의 계획이기 때문에 도장으로 인봉되어 있는 것입니다. 이 비밀스러운 하나님의 계획, 구원의 계획, 구원의 섭리가 담겨있는 책을 하나님께서 오른손으로 붙잡고 계시고 인봉으로 봉하고 있는 것입니다.

진행자 권위의 문서군요.

박윤성 목사 그렇죠. 이어서 인봉된 책을 요한이 보고 어려움을 겪고 있어요.

"또 보내 힘 있는 천사가 큰 음성으로 외치기를 누가 그 두루마리를 펴며 그 인을 떼기에 합당하냐 하나 하늘 위에나 땅위에나 땅 아래에 능히 그 두루마리를 펴거나 보거나 할 자가 없더라 그 두루마리를 펴거나 보거나 하기에 합당한 자가 보이지 아니하기로 내가 크게 울었더니"(5:2-4).

진행자 요한이 크게 울었다는 표현이 눈 여겨 볼 부분인 것 같은데, 두 루마리를 펴볼 합당한 자가 없어서 운 것이 아닌가 싶어요.

박윤성 목사 그렇죠. 요한이 하늘의 보좌에서 하나님이 가지고 계신 인 봉된 책을 보는데, 봉인이 되어있기 때문에 펴볼 수 없었습니다. 요 한은 "누가 이 책을 펴기에 합당하냐?" 하는 질문을 받게 됩니다. "합당한 자"란 말은 '가능한 분'으로 해석할 수 있어요. 요한이 보기 에 하늘 위에나 땅 위에나 땅 아래에 아무도 책을 열 수 있는 사람이 없는 것 같았어요. 하나님 나라의 비밀스런 목적을 실행할 사람을 발견하지 못해서 요한이 우는 것입니다. 이게 인간의 한계가 아니겠 습니까?

진행자 좌절의 눈물 같아요. 정말 뗄 사람이 없다!

박윤성 목사 그렇죠. 도저히 불가능한 상황 속에서 요한은 우는 것입니다.

"장로 중의 한사람이 내게 말하되 울지 말라 유대 지파의 사자 다윗의 뿌리가 이겼으니 그 두루마리와 그 일곱 인을 떼시리라 하 더라 내가 또 보니 보좌와 네 생물과 장로들 사이에 한 어린 양이 서 있는데 일찍이 죽임을 당한 것 같더라 그에게 일곱 뿔과 일곱 눈이 있으니 이 눈들은 온 땅에 보내심을 받은 하나님의 일곱 영이 더라"(5:5,6).

진행자 여기 보니 일곱 인을 뗄 수 있는 분이 드디어 나타났습니다. 위로가 되는 장면인데요. 그런데 일찍 죽임을 당하셨어요. 이것을 어떻게 이해하면 좋을지 먼저 설명을 부탁드립니다.

박윤성 목사 드디어 인봉을 뗄 수 있는 분이 등장합니다. 바로 5절과 6절에 나타난 예수 그리스도가 등장하십니다. 5절과 6절에 나와 있는 구절이 상당히 중요한데요. 계시록을 해석할 수 있는 중요한 키 중에 하나입니다. 5절에 보면 들은 말씀이 나옵니다. "내게 말하되", 장로 중에 한사람이 말해 줍니다. 들은 계시의 말씀이 5절의 말씀이고 6절에 보면 "내가 또 보니"라고 나오죠. 보는 것은 환상을 말합니다. 5절의 계시의 말씀을 6절의 환상이 해석을 해주는 구조입니다. 그러니까 5절에 나와 있는 '유대 지파의 사자 다윗의 뿌리'를 6절에 나와 있는 '어린 양'이 해석을 해주는 거죠. 아주 중요한 부분입니다.

유대인들은 유대 지파의 사자를 메시아로 믿고 있었습니다. 유대 지파의 사자의 명칭은 창세기 49장의 야곱의 노래에 나오는데, 유다를 사자 새끼로 비유합니다. 그래서 유다 지파를 통해서 메시아가 오실 것을 예언한 것이죠. 그리고 뿐만 아니라 다윗의 뿌리라는 명칭은 이사야서 11장에서 나옵니다. 거기 보면 "이새의 뿌리에서 한 싹이 나서"라는 말씀이 나옵니다. 이새의 뿌리에서 나오는 싹은 메시아를 의미합니다. 그래서 유대 지파의 사자, 다윗의 뿌리는 유대인들이 기다렸던 막강한 힘을 가지고 오시는 메시아를 보여주는 것입니다.

그러니까 5절에서 들은 계시의 말씀은 유대 지파의 사자 다윗의 뿌리, 곧 메시아를 말씀합니다. 막강한 힘을 가지고 오시는 메시아를 들은 것입니다. 그런데 6절에서 환상이 보이는데, 이 환상이 5절의 메시아를 해석해줍니다. 이 어린 양이 누구입니까? "일찍 죽임을 당한 것 같더라"라고 말씀합니다.

진행자 메시아, 예수 그리스도라고 할 수 있겠네요.

박윤성 목사 네. 희생당하신 예수 그리스도를 의미합니다. 여기에 유대인들의 오류가 있습니다. 유대인들은 막강한 힘의 메시아만 기대했었는데, 사실 이 메시아는 유대 지파의 사자로 오셨으나 일찍 죽임을 당한, 십자가에 죽으신 어린 양으로서, 우리를 구속해주는 메시아였죠. 그러니까 5절과 6절에 등장하는 인봉을 떼기 합당한 어린 양은 우리를 위해 죽으시고 다시 살아나신, 희생하신 예수 그리스도이신데, 그분만이 하나님의 비밀스러운 책을 뗄 수 있는 분인 것입니다.

또 한 가지 중요한 것은, 계시록에 어린 양이라는 단어가 28번 나온다는 것입니다. 이 28번은 7 × 4 = 28입니다. 7은 완전수입니다. 4는 계시록에서 땅의 숫자입니다. 땅의 네 모퉁이, 네 구역이 등장합니다. 계시록 7장과 20장, 5장 등등에 보면 땅을 의미할 때 4라는 숫자가 나옵니다. 그러니까 하나님의 완전수 7에 땅의 수 4를 곱하면 28입니다. 어린 양이 28번 나오는 것의 의미는, 어린 양의 승리가 전 세계적인 범위에서 완전하게 이루어진다는 것을 알려주는 것입니다. 그러므로 어린 양의 승리로 인해 인봉을 떼기 합당하신 분이 어린 양 예수 그리스도라는 것을 우리에게 보여줍니다. 여기에 보면 어린 양에게 일곱 뿔이 있죠. 일곱 뿔은 구약에서 힘을 상징합니다.

진행자 또 일곱 눈도 있어요.

박윤성 목사 일곱 눈도 있어요. 이것은 전지, 다 꿰뚫어 볼 수 있는 눈, 신적 전지를 말합니다. 그래서 어린 양은 일찍 죽임당한 분이셨지만 부활하시고, 전능하시고, 전지하신 하나님이십니다. 그러므로 책을 떼기에 합당한 분이신 것입니다.

진행자 정말 충분한 자격이 있다는 것, 설명을 통해서 느낄 수 있었습니다.

"그 어린 양이 나아와서 보좌에 앉으신 이의 오른 손에서 두루마리를 취하시니라"(5:7).

진행자 어린 양이 드디어 하나님께로부터 두루마리를 취하는 장면이 나오네요.

박윤성 목사 어린 양이 자격이 있으신 분이죠. 죽으시고 부활하시고 승리하신 분이기 때문에 나오시게 됩니다. "나아와서", 이 단어가 중요한데요. 왜냐하면 다니엘서 7장 13절 이하에 보면 인자 같은 이, 신적인 메시아가 나아와서 하나님 앞에 권세를 받는 장면이 있습니다. 이 다니엘서 7장의 메시아 예언이 지금 요한계시록 5장 7절에서 그대로 이루어지는 것입니다. 어린 양이 하나님께 나아와서 그 두루마리를 취하시게 됩니다. 계시록에서 구약에 예언된 메시아 예언이 그대로 이루어지는 것을 우리가 많이 볼 수 있어요. 그래서 우리가 구약을 잘 알아야 요한계시록을 해석할 수 있습니다.

이어서 두루마리를 받은 어린 양이 등장을 했는데, 노래가 울려 퍼집니다.

"그 두루마리를 취하시매 네 생물과 이십사 장로들이 그 어린 양 앞에 엎드려 각각 거문고와 향이 가득한 금 대접을 가졌으니 이 향은 성도의 기도들이라 그들이 새 노래를 불러 이르되 두루마리를 가지시고 그 인봉을 떼기에 합당하시도다 일찍이 죽임을 당하사 각 족속과 방언과 백성과 나라 가운데에서 사람들을 피로 사서 하나님께 드리시고 그들로 우리 하나님 앞에서 나라와 제사장들을 삼으셨으니 그들이 땅에서 왕 노릇 하리로다 하더라"(5:8-10).

진행자 두루마리를 취하신 어린 양께 경배와 찬양을 올려드리는 장면이 나왔습니다.

박윤성 목사 네. 이 찬양의 장면은 5장에 있어서 클라이맥스라고 볼 수 있습니다. 그 책을 열 수 있는 합당한 분이 되신 어린 양 예수 그리스도께서 보좌에 앉으십니다. 보좌에 앉으실 때 성도들의 기도, 성도들의 찬양의 소리가 울려 퍼집니다. 그리고 장로들과 생물들이 거문고와 금 대접을 가지고 나와서 향연을 올려드립니다. 이 향을 "성도의 기도"라고 표현합니다. 이 노래와 기도를 통해서 어린 양 예수 그리스도께 예배를 드리는 장면입니다.

그런데 기도가 특이합니다. 이 기도는 순교한 성도들이 하나님께 요청하는 기도입니다. "하나님! 억울하게 복음을 전하다가 죽임을 당한 순교자들의 피를 신원하여 주옵소서." 하는 기도입니다. 그런 기도가 담겨져 있는 향연이 주님께 올라가고 있습니다. 그러므로 우리가 기억해야 할 것은, 성도들의 기도는 절대 땅에 떨어지지 않는다는 것입니다. 하나님께 향기로운 향연으로 올라간다는 것을 기억하고 기도하는 성도들이 되어야 할 줄 믿습니다.

진행자 기도가 얼마나 아름다운 일인가 눈으로 상상하면서 보니까 느낌이 다른 것 같아요.

박윤성 목사 아로마 향기가 하나님 앞에 주님께 올라가는 것이죠. 그래서 기도와 노래가 나오게 됩니다. 9절과 10절에 보면 "새 노래"라고 표현합니다. 기도와 더불어서 새 노래가 하나님 앞에, 주님 앞에 올라가게 됩니다. 특별히 구약에 보면 하나님의 창조에 대한 감사를 표현할 때, 혹은 하나님이 원수에 대해 승리 하셨을 때 새 노래를 부르고 있습니다. 그러므로 그리스도께 새 노래를 불러드린다는 것은 그리스도가 창조주이시요, 또한 악으로부터 승리하신 승리자이심을 노래하는 것입니다. 그러므로 이 찬송은 모든 생물들, 장로들, 천사들이 드리는 찬송으로, 예수 그리스도의 하나님 되심을 높여드리는 찬송이라고 할 수 있습니다.

이어서 찬양이 계속 이어지고 있는데, 11절과 12절의 찬양도 한 번 읽어보시기 바랍니다.

"내가 또 보고 들으매 보좌와 생물들과 장로들을 둘러 선 많은 천사의 음성이 있으니 그 수가 만 만이요 천 천이라 큰 음성으로 이르되 죽임을 당하신 어린 양은 능력과 부와 지혜와 힘과 존귀와 영광과 찬송을 받으시기에 합당하도다 하더라"(5:11,12).

진행자 자, 수만, 수천의 천사들의 찬양이 너무 멋있습니다.

박윤성 목사 아름다운 찬송이 울려 퍼지죠. 이 찬송을 부르는 무리들을 보면 처음에는 보좌, 생물들, 장로들, 천사들로 그 숫자가 점점 늘어나고 있습니다. 하늘의 보좌의 중심으로부터 외곽으로 나아가는데, 수가 점점 많아집니다. 특별히 셀 수 없는 천사들의 집단이 어린 양을 찬양합니다. "그 수가 만 만이요 천 천이라"라고 했는데, 헬라어에서 만이라는 숫자는 가장 큰 숫자입니다.

진행자 셀 수 없네요.

박윤성 목사 셀 수 없는 무리들이 어린 양 예수 그리스도를 찬양하는 모습입니다. 특별히 찬송을 연구한 학자로 멜 링이라는 사람이 있습니다. 멜 링의 연구에 의하면 12절에 나타난 송영, 찬송은 역대상 29장에 나타나는 힘과 부와 능력, 이 말씀에서 왔다고 합니다. 또 다니엘서 2장 20절로부터 오는데, 지혜와 영광이 결합이 된 것입니다. 그래서 주님께 돌려드릴 수 있는 가장 귀한 찬송은 "힘과 부와 능력과 영광과 지혜가 어린 양 예수 그리스도께 있습니다"라는 찬송입니다.

이 찬양이 또 어떻게 확대가 될까요? 13절, 14절인데요. 이 찬송이 전 우주적으로 확대되는 것을 볼 수 있습니다.

"내가 또 들으니 하늘 위에와 땅 위에와 땅 아래와 바다 위에와 또 그 가운데 모든 피조물이 이르되 보좌에 앉으신 이와 어린 양에게 찬송과 존귀와 영광과 권능을 세세토록 돌릴지어다 하니 네 생물이 이르되 아멘 하고 장로들은 엎드려 경배하더라"(5:13,14).

진행자 모든 만물들이 다 같이 찬양하고 있습니다. 하늘과 땅, 바다, 모두가 찬양하는 장면, 크나큰 영광을 표현 한 것 같아요.

박윤성 목사 네. 이제 찬송의 무리들이 점점 확장됩니다. 하나님과 어린 양의 다스림을 찬양하는 모습으로 확대되고 있습니다. 4장에서도 봤지만, 5장에서도 보좌에 앉으신 하나님과 어린 양 예수 그리스도께 함께 찬송과 경배를 드리는 것을 볼 수 있습니다. 1세기 유대인들은 유일신 하나님만 주로 알고 있었거든요. 그러다가 예수 그리스도께서 하나님이시라는 것을 점점 확실하게 알게 됩니다. 계시록에 와서는 삼위일체가 확연하게 드러나는 구절들이 나옵니다. 그래서 보좌에 앉으신 하나님과 어린 양이 함께 경배를 받으시는 동등한 분이심을 우리가 볼 수 있습니다.

그리고 마지막 절을 보면 모든 생물들과 네 생물이 이르되 "아멘"하고, 장로들은 엎드려 경배하는 모습으로 결론을 맺고 있습니다. 창조물과 하나님의 교회에 의해서 마지막으로 아멘과 경배로 찬송이 끝나게 되는 것이죠. 그래서 우리가 찬송을 부를 때 이런 감격스런 마음으로 찬양을 해야 합니다. 찬양이 끝날 때는 우리가 "아멘"하고 그 분께 경배하는 마음으로 찬송을 끝마치지 않습니까?

우리가 살펴본 계시록 5장에 나타난 어린 양, 그리고 그분의 경배 받으심은 다니엘서 7장에 나타난 말씀과 놀라울 정도로 그 순서가 같습니다. 다니엘서 7장 13절-27절과 계시록 5장 9절-14절이 똑같은 패턴으로 나옵니다. 첫 번째는 인자이신 그리스도가 권세를 받으시는 장면이 나옵니다. 두 번째는 모든 백성과 나라와 방언이 포함된 하나님의 왕국이 등장하게 되요. 그리고 세 번째는 함께 다스리는 성도들의 다스림이 나오고, 네 번째 마지막으로는 하나님의 다스림이 온 우주에 펼쳐지는 것이 등장하게 됩니다. 이 말씀을 보니까 계시록 5장은 다니엘서 7장의 인자 같은 이가 등장하시는 예언의 말씀이 어린 양 예수 그리스도에서 이루어졌다는 것을 확실하게 보여주고 있습니다.

진행자 5장 말씀을 통해서 주님으로 인해 우리가 새 소망을 가질 수 있습니다. 또 두루마리를 취하신 어린 양을 어떻게 찬양해야 되는지 알게 되었습니다.

함께 이야기하기

1 우리가 울지 않아도 될 이유를 요한은 보여주었습니다. 그것은 그리스도께서 우리를 구속하셨기 때문입니다. 그렇다면, 우리가 인생을 보는 시각과 삶을 살아가는 태도는 어떠해야 하겠습니까?

2 여러분들의 찬양과 경배의 삶을 돌아보고 그 상태를 이야기해 봅시다. 만일 우리들의 찬양의 삶이 연약하다면, 어디에 문제가 있는지 살펴보고 그 해결점을 이야기해 봅시다. 5장에서 나타나는 찬송과 경배를 묵상하고 반성하는 시간을 가지시기 바랍니다.

13 심판, 그리고 하나님의 긍휼(6:1-17)

진행자 이제 6장을 만나볼 시간이 됐습니다. 지난주에 숙제하느라고 저도 6장을 열심히 공부하고 왔는데요. 무서운 장면들이 등장하기 시작했어요.

박윤성 목사 드디어 무서운 장면이 나오지요.

진행자 목사님의 설명, 언제 들을 수 있나 기다리며 오늘을 맞았습니다. 어떤 일들이 있는지 어떤 의미인지 설명 부탁드려요.

박윤성 목사 6장에 드디어 인봉이 떼어지는 일이 벌어지게 됩니다. 6장부터는 어려워지는데요. 그러나 우리가 요한계시록을 해석하는 데 가장 근간이 되는 것이 있습니다. 그것은 4장과 5장입니다. 4장에 하나님의 보좌가 등장했었고, 5장에 어린 양 예수 그리스도가 나오셨습니다. 보좌와 어린 양을 근거로 해서 인봉 심판이나 대접이나 나팔 심판을 해석해야 합니다. 그래야 건전한 해석이 될 수 있고, 쉽게 접근할 수 있게 됩니다. 특별히 6장에 나오는 여러 가지 무서운 전쟁, 기근, 박해, 병들이 있습니다. 이런 내용은 사실 예수님이 마가복음 13장에서 이미 말씀을 하셨어요. 예수님께서 감람산 강화를 통해서 이런 사건들이 일어날 것이라고 예언을 해 주셨던 말씀과 병행 구절들이라고 볼 수 있습니다.

사실 6장 이후로 15장까지 보면, 일곱 인봉이 떼어지게 되고, 일곱 나팔, 일곱 대접이 쏟아지게 되는데. 왜 하필 일곱이었을까요?

진행자 완전수니까 심판이 완성되는 것일까요?

박윤성 목사 네. 일곱은 완전수죠. 불의한 세계 속에 쏟아지는 하나님의 심판이 완성되어가는 것을 보여주는 것입니다. 뿐만 아니라 이 재앙 시리즈들은 일곱, 일곱, 일곱으로 되어있습니다. 일곱 인봉, 일곱 나팔, 일곱 대접이 연속적으로 나옵니다. 이 심판의 시리즈들이 서로 연결점이 있습니다. 처음보다 뒤로 갈수록 심판의 강도가 강해지는 것입니다. 이것은 우리에게 중요한 의미가 있습니다. 하나님이 계속적으로 경고합니다. 돌아와라. 회개하라. 하나님 앞에 돌아오기를 계속 경고하는데, 강도가 뒤로 갈수록 강해집니다.

그런데 재미있는 사실은 사람은 혼나고, 맞고, 경고를 받아서 돌아오기도 하지만, 타락한 본성 때문에 아무리 경고하고, 매를 맞아도 안 돌아오는 사람들이 있어요. 그래서 10장, 11장 쪽에 가보면 책의 내용이 오픈됩니다. 책의 내용을 보면 그리스도께서 희생당하시고 죽은 것처럼 교회가 순교하고 희생하고 죽습니다. 이런 모습을 보면서 사람들이 돌아오게 됩니다.

계시록의 핵심은 바로 여기 있습니다. 어린 양 예수 그리스도의 죽으심으로 우리가 구원 받았듯이 **교회가 어린 양을 본받아 희생당하고, 섬기고, 사랑하게 되면 그것을 보고 돌아오는 사람들이 많아지게 된다**는 것입니다. 그래서 재앙의 시리즈들을 우리가 그런 관점에서 보셔야 합니다. 실제적으로 쏟아지는, 또 일어나게 되는 재앙들이지만 재앙으로는 사람들이 회개를 잘 안 합니다. 사랑과 섬김과 희생을 통해서 사람들이 돌아오게 된다는 것을 눈여겨보아야 합니다. 이런 전제를 가지고 우리가 인봉이 어떤 내용인지 살펴보도록 하겠습니다.

"내가 보매 어린 양이 일곱 인중의 하나를 떼시는 그 때에 내가 들으니 네 생물 중의 하나가 우렛소리 같이 말하되 오라하기로 이에 내가 보니 흰 말이 있는데 그 탄 자가 활을 가졌고 면류관을 받고 나아가서 이기고 또 이기려고 하더라"(6:1,2).

진행자 여기에 보면 흰 말이 등장합니다. 흰 말을 탄 자도 등장하는데 참 이것에 대한 해석이 많은 것 같아요. 우리가 어떻게 이해하면 좋을까요?

박윤성 목사 보통 흰 말을 탄 사람을 그리스도라고 해석을 하기도 하는데, 사실 우리가 본문을 주의 깊게 봐야 합니다. 1절에 보면 어린 양이 일곱인 중 하나를 떼시는데, 인봉을 떼시는 분이 어린 양이십니다. 그런데 첫째 인봉을 떼었을 때 흰 말을 탄 자가 나오게 됩니다. 그러니까 어린 양이 흰 말을 탔다라고 해석하기는 어렵죠.

진행자 이미 떼신 분이니까요.

박윤성 목사 그렇죠. 어린 양이 지금 떼고 계시는데 첫 번째 인을 뗐을 때 흰 말이 나오고, 그 말을 탄 자가 나오게 됩니다. 그러니까 흰 말을 탄 자가 어린 양 예수 그리스도라고 말하기는 어렵습니다. 누군지는 잘 몰라요. 그러나 이제 흰 말을 탄 사람이 그 손에 활을 가졌습니다. 두 번째 인봉에서는 검을 갖고 있습니다. 활과 검, 여기에 우리가 초점을 맞춰야 합니다. 활과 검은 죽음의 전쟁을 의미하고 있겠죠. 흰 말과 백마를 탄 자와 활을 갖고 있다는 것은 전체적으로 봤을 때 전쟁을 의미하는 말씀이 됩니다.

이것을 우리가 알 수 있는 단초가 2절 끝에 보면 "이기고 또 이기려고 하더라"라는 말씀입니다. 거듭된 승리를 말하는 것이지요. 그러니까 첫 번째 인봉이 말해 주는 것은 전쟁을 말하는 것입니다. 특별히 1세기 당시 로마 사람들, 또는 로마의 영향력 아래 있는 사람들은 한 가지 사건을 기억합니다. 그 사건은 파르티안 족속의 침공입니다. AD 62년 무렵에 파르티안이 로마를 침공한 적이 있는데, 이때 파르티안이 활을 사용해서 이기게 됩니다. 그래서 1세기 당시 사람들이 활 이야기를 들을 때는 파르티안이 로마를 침공해서 이겼던 사건을 기억합니다. 그러니까 전쟁을 기억하게 하는 것이죠. 그러므로 첫 번째 인봉을 뗐을 때 나타나는 사건은 군사적인 정복, 전쟁을 의미하게 되는 것입니다.

이것이 예수님의 감람산 강화와 일치합니다. 예수님께서도 전쟁의 징조를 말씀하셨거든요. 말세가 되면 각처에서 민족과 민족 간에, 나라와 나라 간에 분쟁과 전쟁이 많이 일어나게 될 것이라고 말씀하셨습니다.

"둘째 인을 떼실 때에 내가 들으니 둘째 생물이 말하되 오라 하니 이에 다른 붉은 말이 나오더라 그 탄자가 허락을 받아 땅에서 화평을 제하여 버리며 서로 죽이게 하고 또 큰 칼을 받았더라"(6:3,4).

<u>진행자</u> 3절과 4절을 보니까 점점 무시무시해지고 있습니다. 붉은 말을 탄 자가 땅에서 화평을 제하여 버린다고 하는데, 붉은 말의 의미와 이 구절을 설명해주세요.

박윤성 목사 두 번째 인봉을 뗐을 때 붉은 말을 탄 자가 나타납니다. 큰 칼을 가지고 나오게 되죠. 이것은 앞에 첫 번째 인봉과 연관이 있는데요. 첫 번째는 전쟁, 전쟁의 징조와 맞아 떨어집니다. 전쟁이 일어나면 큰 칼을 가지고 서로 죽이는, 화평을 빼앗아 버리는 사건들이 벌어지게 됩니다. 그리고 붉은 말은 피의 색깔이 아니겠습니까? 그래서 전쟁이 일어나고 세계적인 전쟁들이 일어날 때 전쟁을 통하여 살상과 피 흘림이 일어나게 되는 것을 보여줍니다.

전쟁의 사건들은 언제나 있어 왔지만 예수님의 초림과 재림 사이에 전쟁이 많이 일어나게 됩니다. 성경에서 말세라고 이야기할 때는 예수님의 초림부터 재림 때까지를 이야기합니다. 이 말세에는 많은 전쟁들이 일어나는데, 특히 예수님의 재림 직전은 말세 중의 말세입니다. 그때에는 더욱더 많은 전쟁이 일어나서 전쟁과 피 흘림이 생기게 됩니다. 붉은 말이 의미하듯이 그런 전쟁의 사건이 많이 일어난다는 것을 보여줍니다. 그러므로 전쟁이 일어날 때마다 이것을 기억해야 합니다. 피 흘림과 전쟁과 죽음을 보면서 주님의 가까이 오심을 기대하며 경성하는, 깨어 있는 자세가 우리에게 필요하겠습니다.

진행자 지금까지 정리해 보면요. 흰말을 탄 자가 무기를 갖고 오니까 전쟁이 발생한 것이죠. 또한, 붉은 말이 등장하면서 피 흘림으로 심각한 전쟁이 일어나지요. 혼란에 빠진 그런 장면인 것 같아요. 그러면 그다음에는 어떻게 될지 궁금해지는데요.

박윤성 목사 네 점점 궁금해지죠. 5절과 6절에서 세 번째 인봉이 떼어집니다.

"셋째 인을 떼실 때에 내가 들으니 셋째 생물이 말하되 오라 하기로 내가 보니 검은 말이 나오는데 그 탄자가 손에 저울을 가졌더라 내가 네 생물 사이로부터 나는 듯한 음성을 들으니 이르되 한 데나리온에 밀 한 되요 한 데나리온에 보리 석 되로다 또 감람유와 포도주는 해치지 말라 하더라"(6:5,6).

진행자 네. 좀 더 어려운 문맥이 나오는 것 같습니다. 검은 말을 탄 자가 손에 저울을 가졌다고 하는데, 저울이 무엇을 의미할까요?

박윤성 목사 활과 칼을 가지고 전쟁을 일으켰습니다. 피 흘리는 전쟁이 일어났었죠. 전쟁이 일어나면 다가오는 사건이 무엇입니까? 기근이죠. 먹을 것이 사라져가는 기근이죠.

진행자 흉년을 의미하는 것이군요.

박윤성 목사 네. 흉년이 일어나게 되는 것이지요. 그래서 세 번째 인봉을 뗐을 때 검은 말을 탄 자가 그 손에 저울을 갖게 됩니다. 저울은 음식을 다는 데 사용하는 기구가 아니겠습니까? 그래서 6절에 보니까, "한 데나리온에 밀 한 되요"라고 합니다. 심각한 인플레이션이 일어나게 된 겁니다. 전쟁으로 인해 기근이 찾아왔습니다. 한 데나리온은 노동자 한 명이 하루에 버는 돈입니다. 그런데 밀 한 되밖에 못 삽니다. 자기 먹을 양식밖에 못 사는 거죠. 당시 고대 세계는 대가족 시대였기 때문에 한 가정에서 여러 명이 살고 있지 않았습니까? 노동자가 기근 때문에 아무리 돈을 벌어도 하루에 번 돈을 가지고 자기 먹을 양식 1인분밖에 못 사는 것입니다. 그러니 나머지 식구들이 배가 고플 수밖에 없겠지요. 심각한 인플레이션이 일어나게 된 것입니다. 그런데 보리는 밀보다 좀 쌉니다. 한 데나리온에 보리 석 되입니다. 보리는 좀 더 많이 살 수 있지만, 역시 기근의 현상을 보여줍니다. 그런데 기근 중에도, 전쟁과 기근 중에도 긍휼이 나타납니다.

진행자 해치지 말라는 품목이 나옵니다.

박윤성 목사 그렇죠. "감람유와 포도주는 해치지 말라"라고 말합니다. 감람유와 포도주는 그리스도인들이 사용했기 때문에 해치지 말아야 한다고 말하는 학자도 있습니다. 그러나 그것보다 더 중요한 것은 감람나무와 포도나무의 뿌리는 깊숙이 뿌리를 내리기 때문입니다. 그래서 기근의 때에도 감람나무와 포도나무는 잘 살 수 있는 나무가 됩니다. 그래서 심각한 기근에도 하나님께서 긍휼을 베푸셔서 먹을 것을 일부 남겨주시는 모습을 보게 됩니다.

"감람유와 포도주는 해치지 말라"라는 말씀 속에서 전쟁과 기근이 있음에도 불구하고 하나님의 긍휼은 여전히 존재하고 있다는 것을 알게 됩니다. 하나님께서는 이런 전쟁과 어려움 속에서도 백성들을 사랑하셔서 먹을 것을 남겨두십니다. 긍휼을 베푸시는 하나님의 은혜를 우리가 여기서 맛보게 됩니다.

이 말씀 역시 마가복음 13장에 나와 있는 감람산의 강화 말씀과도 같습니다. 전쟁과 분쟁 뒤에 기근이 언급되었거든요. 예수님도 그렇게 말씀하셨는데 그것과 일맥상통하는 구절이라고 볼 수가 있습니다. 이어서 네 번째 인봉이 떼어지게 됩니다.

"넷째 인을 떼실 때에 내가 넷째 생물의 음성을 들으니 말하되 오라 하기로 내가 보매 청황색 말이 나오는데 그 탄자의 이름은 사망이니 음부가 그 뒤를 따르더라 그들이 땅 사분의 일의 권세를 얻어 검과 흉년과 사망과 땅의 짐승들로써 죽이더라"(6:7,8).

진행자 넷째 인을 떼고 난 뒤 청황색 말이 나옵니다. 이름이 사망이네요. 음부가 그 뒤를 따르는데 심상치 않은데요. 이때 어떤 일들이 일어날까요?

박윤성 목사 자 이제 점점 더 상황이 어려워지죠. 청황색 말이 등장합니다. 색깔이 강조하는 바가 조금 음산하지 않습니까? 여름이 되면 무서운 영화에 나오듯이.

진행자 좀비 피부의 색깔인가요?

박윤성 목사 청황색이 나오면 죽음의 조짐을 느낄 수가 있죠. 구약성경에서 죽음이라는 단어가 헬라어로 번역될 때는 '온역'으로 번역이 됩니다. 온역은 질병이죠. 뿐만 아니라 사도 요한 자신도 2장과 18장에서 보면 온역이라는 말을 사망이라는 말을 대신해서 사용합니다. 그래서 사망과 온역은 서로 같은 의미로 사용됩니다. 청황색 말은 죽음의 조짐입니다. 이것은 온역으로 말미암아 온 세상에 전염병들이 도는 상황을 보여줍니다. 그러니까 첫 번째부터 네 번째 인봉이 떼어질 때 전쟁과 기근과 죽음과 온역, 질병 이런 것으로 인해서 사람들이 공포에 휩싸이게 됩니다.

그런데 중요한 것은 여기 있습니다. 우리가 4장과 5장이 중요하다고 했는데요. 인봉을 떼는 분이 누구냐? 인봉을 떼는 분이 어린 양 예수 그리스도이십니다. 어린 양 예수 그리스도가 우리를 피로 사셔서 그분의 나라와 백성을 삼으셨기 때문에 그리스도인들은 보호를 받게 됩니다. 그러므로 이 믿지 않는 불신 세계를 향해서 계속적으로 경고하는 것이지요. 이런 죽음과 사망과 질병의 재앙들을 보면서 예수 그리스도께로 돌아오라고 경고하는 재앙들이라고 볼 수 있습니다.

그러므로 우리 그리스도인들은 이 재앙을 보면서 우리의 믿음과 우리의 구원을 감사해야 합니다. 믿지 않는 자들을 불쌍히 여기는 마음이 우리에게 있어야 하겠습니다.

> "다섯째 인을 떼실 때에 내가 보니 하나님의 말씀과 그들이 가진
> 증거로 말미암아 죽임을 당한 영혼들이 제단 아래에 있어 큰 소리
> 로 불러 이르되 거룩하고 참되신 대주재여 땅에 거하는 자들을 심
> 판하여 우리 피를 갚아 주지 아니하시기를 어느 때까지 하시려 하
> 나이까 하니 각각 그들에게 흰 두루마기를 주시며 이르시되 아직
> 잠시 동안 쉬되 그들의 동무 종들과 형제들도 자기처럼 죽임을 당
> 하여 그 수가 차기까지 하라 하시더라"(6:9-11).

진행자 목사님, 저는 여기서 "죽임을 당한 영혼들이 제단 아래서 큰 소
리로 불러 이르되"라는 이 말씀이 눈에 띄는 것 같아요.

박윤성 목사 네. 그렇습니다. 여기서 핵심이 바로 그거죠. 죽임 당한 영
혼들이 누구일까요? 이 영혼들은 순교자들이에요. 마태복음에도 보
면 "의인 아벨의 피로부터 성전과 제단 사이에서 너희가 죽인 바라
갸의 아들 사가랴의 피까지 땅 위에서 흘린 의로운 피가 다 너희에
게 돌아가리라"(마 23:35)라고 했습니다. 주를 위해서, 복음을 위해서
순교한 자들이 생기게 되었습니다. 그러나 하나님께서 그 순교자들
을 하나님의 제단, 하나님의 성전 아래에 거하게 하십니다. 하나님
의 보좌 앞에서 순교한 자들이 쉬고 있는 모습이 드러나게 되는 것
이지요.

우리나라에 순교자들이 많습니다. 하나님은 순교자들의 피 위에 하나님의 교회를 세우시게 됩니다. 대한민국이 이렇게 복음화된 것이 너무나도 감사한데요. 그것은 순교한 사람들이 많이 있었기 때문에 그러한 것이었지요. 하나님의 보좌 앞에 쉬고 있는 이 희생당한 순교자들을 우리가 여기서 만나게 됩니다. 이분들의 기도가 여기 나옵니다. 10절에 나오죠. "우리 피를 갚아 주지 아니하시기를 어느 때까지 하시려 하나이까?" 이 기도는 개인적인 보복을 해달라는 기도가 아닙니다. 개인적 보복의 차원이 아니라 하나님의 정의와 하나님의 통치가 완성되도록 기도하는 거죠.

진행자 중보기도 같은 기도겠네요?

박윤성 목사 그렇죠. 하나님의 나라가 임하시옵소서, 하는.

진행자 남은 이들을 위한.

박윤성 목사 하나님의 나라가 임하기를 기도하는 모습이 등장합니다. 그래서 순교자들이 "언제까지 참고 기도해야 합니까?"라고 기도할 때 하나님의 응답이 나오죠. 그들에게 흰 두루마기를 주십니다. 흰 두루마기는 순교한 정결한 영혼에게 주시는 두루마기입니다. 그렇다고 우리가 흰옷을 입고 다녀야 한다, 이런 것은 아닌데요. 상징적인, 강조하는 용법 있잖아요. 흰 두루마기 정결한 옷을 입혀주시고,

"잠시 동안 쉬어라" 하시는 것입니다. 왜 쉬어야 하냐면, 순교할 자들이 더 있기 때문입니다. "그 수가 차기까지 쉬라"고 말씀하시는 것입니다. 여기 이 말씀을 보면 교회가 희생하고 순교할 일들이 더 많이 남아있다는 것입니다.

진행자 고통의 때가 찾아온다고 해석해도 될까요?

박윤성 목사 고통의 때일 수도 있지만, 어린 양 예수 그리스도의 죽으심과 같이 견디고 희생하라는 말씀이지요. 그래서 희생하고 순교할 자들의 수가 남아 있다는 것입니다. 그 수가 차야 하나님의 나라가 완성되고, 하나님의 영광이 드러나게 된다는 것입니다.

그러니까 이 말씀을 우리에게 적용해 본다면, 우리가 복음 전하고 하나님 나라가 이루어질 것을 꿈꾸고 있다면 우리도 어린 양 예수 그리스도처럼 희생하는 것이 필요합니다. 순교까지는 못 할지라도 순교자적 정신으로 살아가야 합니다. 그 수가 차기까지. 그러면 하나님의 나라가 이루어지게 될 것입니다. 이것이 여기의 강조점입니다. 그러므로 우리도 참고, 기도하고, 섬겨야 합니다. 교회 안에서도 희생하는 하나님의 백성들이 많아지면 하나님 나라가 아름답고 영광스럽게 이루어질 줄 믿습니다.

"내가 보니 여섯째 인을 떼실 때에 큰 지진이 나며 해가 검은 털로 짠 상복 같이 검어지고 달은 온통 피같이 되며 하늘의 별들이 무화과나무가 대풍에 흔들려 설익은 열매가 떨어지는 것 같이 땅에 떨어지며"(6:12,13).

박윤성 목사 여섯 번째 인봉을 보면 세상의 마지막 같아요. 해가 검어지고, 지진이 나고, 달은 온통 피같이 되고, 별들은 떨어지고….

진행자 혼란스럽습니다.

박윤성 목사 마지막 종말의 때 같아 보이는데 사실은 아닙니다. 아까 말했듯이 계시록에 일곱 인봉과 일곱 나팔과 일곱 대접은 시리즈로 나오게 되는데요, 일곱 번째 인봉이 떼어질 때 일곱 나팔이 불리게 됩니다. 연결점이 있어요. 그런데 연결점을 보면 뒤로 갈수록 점점 더 강도가 세지는 것입니다. 재앙과 경고가 강해지는 것이지요. 그 이유는, 회개하고 돌아오게 하기 위해서입니다. 우리가 인봉과 나팔과 대접 재앙에서 하나님이 징계하시는 것만 보면 안 됩니다. 그 징계 이면에 있는 하나님의 마음을 봐야 합니다. '어려움이 있는데 왜 안 돌아오니? 하나님께로 회개하고 돌아오라.' 하는 하나님의 마음을 보아야 합니다.

사실 여섯 번째 인봉 이후에 일곱 번째 인봉이 바로 나오지 않습니다. 다음에 7장을 볼 텐데, 7장을 보면 144,000명의 순교자의 무리가 나와요. 그리고 8장에서 일곱 번째 인봉이 떼어집니다. 그러니까 계시록이 주는 메시지가 있는데 경계와 징계를 받아도 회개를 안하는 거예요. 그러니까 144,000명의 순교자들의 죽음, 희생이 나오게 되는 것입니다. 그래서 여기 나오는 여섯 번째 인봉이 마지막인 것 같지만, 마지막은 아닙니다. 이것을 예언적 기대감이라고 이야기합니다. 최후의 심판은 나중에 대접 심판에 나올 것입니다. 그전에 계속적으로 경고하고, 마치 마지막 종말인 것처럼 보이는 상황 속에서 회개하고 돌아오기를 기다리는 하나님 아버지를 볼 수 있습니다.

그러므로 여기서 우리는 하나님의 마음을 발견해야 합니다. 죄인들이 회개하고 돌아올 때까지 경고하십니다. 징계하시고, 돌이키기를 기대하시는 하나님을 발견하게 되면 우리도 그 하나님 나라에 동참해서 사명을 감당하는 교회가 될 것입니다.

진행자 오늘 이렇게 해서 6장을 만나 봤는데요. 저는 오늘 6장을 묵상하면서 히브리서 10장 말씀이 생각났어요. "의인은 믿음으로 말미암아 살리라" 이 마지막 때에 혼란과 많은 기근과 전쟁과 죽음의 그림자 속에서 믿음과 소망을 가지고 살아가라고 오늘도 저희에게 말씀하신 것이 아닌가 생각합니다. 아까 목사님 말씀하신 것처럼 "주가 보이신 생명의 길로 너희도 함께 동참하라."라고 오늘 우리에게 말씀하시는 것이 아닌지 생각했습니다. 그래서 우리 모두 혼란할 때 두려워하는 것이 아니라, 믿음 앞에 당당하게 나가는 신앙이 되어야겠습니다.

이제 마지막 정리를 해야겠는데요, 오늘의 교훈으로 우리 삶에 어떻게 적용하면 될까요?

박윤성 목사 네. 예수님의 말씀, 성경 말씀은 틀림없습니다. 예언과 같이 전쟁과 기근과 여러 가지 어려운 점들이 일어날 때 우리가 기억해야 할 것은 교회의 역할입니다. 사랑과 섬김과 순교, 이것을 통해서 영혼들이 주께로 돌아오기를, 우리가 섬기는 그런 삶을 살았으면 좋겠습니다.

함께 이야기하기

1 여러분들이 기존에 가지고 있던 요한계시록의 이해와 본 성경공부가 말하고 있는 해석과의 차이점은 무엇입니까?

2 인봉을 떼는 심판에서 보는 바와 같이 문자적으로 해석을 한다면, 어린양의 심판은 무시무시한 것입니다. 그러나 이것의 신학적 메시지를 이야기해 보시고, 그 의도가 무엇인지 말해 보십시오.

3 여기에서 나타나는 하나님과 어린양 예수의 성품은 어떠한 것입니까? 하나님의 이 성품이 우리에게 어떻게 나타나겠습니까?

14. 하나님의 동업자(7:1-17)

진행자 목사님, 7장을 어떻게 시작하면 좋을까요?

박윤성 목사 네. 7장에 들어왔는데. 6장에서 인봉이 떼어지지 않았습니까? 여섯 번째까지 인봉이 떼어졌는데, 마지막 여섯 번째가 마치 세상의 종말이 온 듯한 분위기로 진전이 되었습니다.

진행자 그래서 7장에는 일곱 번째 인봉이 나올까 했는데, 다 읽어봐도 아직 안 나왔어요. 일곱 번째 인봉은 어디에 있을까요?

박윤성 목사 일곱 번째 인봉은 8장에 나옵니다. 그래서 여섯 번째와 일곱 번째 인봉 사이에 **7장이 삽입**되어 들어갔습니다. 이유가 있겠죠. 중요한 이유가 있기 때문에 일곱 번째 인봉 전에 7장에 그 유명한 144,000명의 이야기가 들어가게 되는 것입니다.

또 한 가지 중요한 것은 인봉이 떼어지는 재앙과 나팔이 불리는 재앙이 시간적으로 딱딱 떨어지는 것이 아니라는 것입니다. 이유는, 8장에 들어가 보면 일곱 번째 인봉을 뗄 때 일곱 나팔이 불리게 됩니다. 그러니까 일곱 번째 인봉의 내용은 일곱 나팔입니다. 서로 같이 연결되어 있는 것입니다. 무슨 이야기냐면, 요한계시록이 신학적으로, 문학적으로 잘 짜인 구조를 갖고 있습니다. 그래서 순차적인 재앙이라기보다는 하나님의 구원 사역이 어떻게 진전되고 있는지를 보여주는 것입니다. 그리고 하나님이 어떤 계획을 가지고 계신지를 보여주는 것이지요.

재앙만으로는 사람들이 회개하지 않으니까 하나님의 특별한 방법이 여기에 계시되고 있는 것을 보여줍니다. 특별한 구조입니다. 그래서 7장이 가지고 있는 중요한 의미는, **하나님의 구원 사역에 있어서 교회의 역할을 보여주는 것**입니다. 그래서 여섯 번째 인봉과 일곱 번째 인봉 사이에 7장이 삽입되어 들어간 것입니다.

이제 7장의 중요한 내용을 하나하나 살펴보도록 하겠습니다.

"이 일 후에 내가 네 천사가 땅 네 모퉁이에 선 것을 보니 땅의 사방의 바람을 붙잡아 바람으로 하여금 땅에나 바다에나 각종 나무에 불지 못하게 하더라 또 보매 다른 천사가 살아 계신 하나님의 인을 가지고 해 돋는 데로부터 올라와서 땅과 바다를 해롭게 할 권세를 받은 네 천사를 향하여 큰 소리로 외쳐 이르되 우리가 우리 하나님의 종들의 이마에 인치기까지 땅이나 바다나 나무들을 해하지 말라 하더라"(7:1-3).

진행자 특히 3절을 보니까 하나님의 종들의 이마에 인을 친다는 말씀이 나옵니다. 궁금한 점들이 생겨요. 목사님, 이마에 인을 친다는 것이 무슨 의미일까요?

박윤성 목사 네, 궁금하죠. 인은 도장입니다. 도장을 이마에 찍는 사건이 등장하게 됩니다.

진행자 뭔가 표식을 해 주시는 것 같아요.

박윤성 목사 그렇죠. 표식이죠. 이마는 사람의 얼굴 중에 제일 먼저 눈에 들어오는 곳입니다. 이마나 머리는 그 사람이 가지고 있는 사상이나 철학을 말하기도 합니다. 그래서 이마에 인을 찍는다는 것은 그 사람에게 아주 중요한 일이 발생하게 된 것이라고 추측할 수 있습니다.

그런데 설명을 자세히 하기 이전에 네 천사가 나오고, 그 천사들이 땅 네 모퉁이에 서서 바람을 붙잡고 있습니다. 좀 이상하지 않습니까? 어떻게 바람을 붙잡을 수가 있을까요? 궁금한 점들이 생깁니다. 또 네 천사, 네 모퉁이, 이게 무슨 뜻일까 의미가 궁금해집니다.

계시록에서는 특별히 4라는 숫자는 땅의 숫자라고 이야기합니다. 보통 우리가 세상을 말할 때 동서남북 이렇게 이야기하죠. 그래서 4 라는 숫자는 땅의 숫자인데, 네 천사, 네 모퉁이, 네 바람, 이런 것들 은 세상 전체에 대한 상징적인 숫자로 볼 수 있습니다.

뿐만 아니라 바람을 붙잡았다고 합니다. 구약 예언의 문서들, 예레미야, 다니엘, 호세아 등등에 보면 바람은 하나님의 심판, 하나님의 파괴 활동을 의미합니다. 그런데 여기에 네 바람이 붙잡혀 있지요. 이것은 하나님의 심판이 일시적으로 중지된 상황을 보여주고 있습니다. 그러니까 하나님의 심판이 일시적으로 중지되고 뭔가 중요한 일이 벌어지리라는 것을 보여주는 것입니다.

진행자 폭풍 전의 전야의 고요함 같은 느낌이네요.

박윤성 목사 그렇죠. 큰 심판이 있기 전에 뭔가 중요한 것이 있어요. 그게 바로 2절, 3절을 보면 인을 가지고 이마에 도장을 찍는 것입니다. 고대 근동의 군주들이 공식문서에 효력을 가하게 될 때 도장을 찍었습니다. 뿐만 아니라 자신의 재산을 표시할 때도 찍었습니다. 가축이나 노예, 혹은 군인들의 신분을 표시할 때 손이나 이마나 목에 표식을 했습니다. 인을 이마에 찍는 것은 이마가 가장 잘 보이는 곳이고 고상한 부분이기 때문이죠. 보통 사람을 확인할 때 사용하는 신체 부위가 이마였습니다.

인의 내용이 무엇일까요? 인의 이름이나 내용이 오늘의 본문에 안 나옵니다. 그런데 감사하게도 14장 1절에 가보면 인의 내용이 "하나님의 이름과 어린 양의 이름"이라고 나옵니다. 그러니까 여기에 나오는 144,000명에게 인을 찍는데, 하나님의 백성들에게 하나님의 이름과 어린 양의 이름이 기록된 도장을 찍는다는 것입니다.

이것은 눈에 보이는 도장은 아니겠지요. 우리가 예수님을 믿을 때 성령께서 우리를 인 쳐 주신다고 말하잖아요. 보증을 말합니다. "너는 내 것이다."라고 보증해주시는 성령의 사역과 같이 하나님의 이름과 어린 양의 이름을 받는 무리들이 이제 나오게 되는 겁니다. 이 사람들이 인 맞은 사람들입니다. 이제 "하나님의 종들의 이마에 도장을 찍기까지 해하지 말라, 심판을 유보하라"라는 명령을 여기서 하는 것이지요.

진행자 아직 심판의 때가 아니다, 좀 더 기회를 주시겠다, 그렇게 이해할 수 있을 것 같아요.

박윤성 목사 그렇죠. 기회가 있는 것입니다. 그런데 그 기회에 어떤 일들이 벌어지게 되는 것입니다.

"내가 인침을 받은 자의 수를 들으니 이스라엘 자손의 각 지파 중에서 인침을 받은 자들이 십사만 사천이니"(7:4).

진행자 여기 보니 이단들이 참 좋아하는 144,000명이 나옵니다. 이 숫자는 문자적으로 바라볼 수 없을 것 같은데 어떤 의미가 있나요?

박윤성 목사 그렇죠. 그동안 계시록을 잘 공부하셔서 잘 따라와 주셨어요. 계시록에 나오는 숫자가 문자적인 숫자로서만 해석되는 것이 아니었잖아요. 아까 네 천사, 땅의 네 모퉁이, 바람, 이런 것들을 해석할 때 그 의미가 분명히 있지 않았습니까? 그러므로 이 144,000명도 숫자적으로, 문자적으로 해석하면 안 됩니다. 이단들은 144,000명을 문자적인 숫자로 해석합니다. 그 숫자 안에 들어온 사람만 구원을 받는다고 사람들을 미혹합니다. 거짓말입니다. 하나님 뜻을 제대로 발견하지 못한 것이지요. 이제 우리는 144,000명을 살펴보아야 합니다.

그 이전에 요한계시록에 나타난 중요한 세 가지 주제가 있어요. 전체적으로 나타나는 세 가지 주제를 잠깐 생각해봐야 우리가 이해를 잘할 수 있습니다. 계시록에 나타나는 세 가지 주제 중 첫 번째 주제는 '**메시아 전쟁**'입니다. 그리스도께서 다윗의 후손으로 오셔서 메시아로 이 땅에 오셨습니다. 그래서 메시아께서 이스라엘 군대를 지휘하게 됩니다. 그런데 5장에서 어린 양의 환상을 보았듯이 메시아 전쟁은 군사적인 정복이 아니었어요. 이것은 그분의 죽으심을 말합니다. 유대인들만 구원하시는 것이 아니라 전 세계적인 하나님의 백성들을 모으시는 메시아 전쟁입니다. 그래서 메시아 전쟁을 통해서 하나님의 나라를 이 땅에 이루시는 것입니다.

두 번째 주제는 '**종말적인 출애굽**'입니다. 종말에 진정한 출애굽이 있다는 것입니다. 진정한 출애굽은 예수 그리스도를 통해서 이루어지게 되는 것입니다. 유월절 어린 양은 예수 그리스도의 죽으심을 예표하는 것입니다. 진정한 어린 양 되신 예수께서 오셔서 그분의 죽으심을 통하여 우리를 마귀로부터 살리십니다. 어둠으로부터 출애굽 시켜주십니다. 종말론적인 출애굽, 진정한 출애굽이 이루어지게 됩니다. 이것을 계시록은 이야기합니다. 그러니까 메시아 전쟁과 출애굽이 연결되겠지요.

계시록의 세 번째 중요한 주제는 '**증인**'입니다. 예수님이 충성되고 참된 증인으로 사셨습니다. 하나님의 말씀에 순종함으로 증인의 역할을 잘 감당하셨는데, 계시록에 보면 참된 증인 되신 어린 양을 따르는 무리인 교회가 나옵니다. 교회도 충성된 증인이 되기를 원하시는 것입니다.

이같이 계시록에서는 메시아 전쟁, 진정한 출애굽, 교회의 증인 역할, 이 세 가지가 중요한 주제입니다. 예수님이 세 가지 중요한 주제를 이루셨기 때문에 오늘 여기 144,000명으로 나오는 이 사람들도 예수님과 같은 그런 일을 해야 한다는 것입니다. 교회도 거룩한 영적 전쟁을 위해 충성된 증인의 역할을 감당해야 합니다. 계시록의 세 가지 중요한 주제를 우리가 마음에 담고서 그다음에 4절부터 나오는 말씀을 이해해야 합니다.

여기 4절을 보면 "내가 인침을 받은 자의 수를 들으니"라는 말씀이 나옵니다. 들은 계시의 말씀이에요. 들은 계시의 말씀을 보니까 144,000명입니다. 144,000명이 어떻게 나왔나요? 이것은 열두 지파에서 12,000명씩 더한 숫자입니다. 그래서 144,000명이 나오게 되죠. 여기 구약에 열두 지파가 나오는데 열두 지파의 이름을 자세히 보면 한 지파가 빠져있습니다. 어느 지파가 빠져있을까요?

진행자 단 지파가 빠졌네요. 저도 읽으면서 의아했습니다.

박윤성 목사 이거 참 중요한 이야기입니다. 왜 단 지파가 빠졌을까요? 그 이유는 단 지파가 가나안 정복 당시 자기들에게 할당된 지역을 점령하지 못했기 때문입니다. 블레셋 사람들이 너무 강하기 때문에 자기들이 평안한 곳으로 옮겨갑니다. 그리고 단이라는 곳에 가서 정착하게 됩니다. 그런데 중요한 것은 거기에 가서 우상숭배에 빠지게 됩니다. 단 지파가 북쪽으로 올라가서 차지한 곳이 라기스라는 곳입니다. 거기에서 우상숭배에 빠져버립니다. 우상숭배 앞잡이 노릇을 하는 것이죠.

신명기 29장에 보면 우상숭배를 이스라엘에 도입한 자는 이름이 제거된다는 말씀이 있습니다. 계시록 22장 15절에도 보면 우상 숭배자는 새 예루살렘에서 제외된다는 말씀이 있습니다. 이 두 말씀을 근거로 해서 봤을 때, 단 지파는 우상숭배 때문에 빠지게 되는 것입니다. 제가 고등학교 때 들은 어떤 부흥 강사님의 설교가 기억이 나는데요. 단 지파가 왜 빠졌느냐? 동쪽으로 이동해서 한반도에 와서 단군의 조상이 됐다는 것입니다. 그것이 아니라 단 지파는 우상숭배의 앞잡이 노릇을 해서 사라지게 된 것입니다.

진행자 그러니까 하나님께서 얼마나 우상숭배를 싫어하시고 저주하시는지 우리가 마음에 깊이 새겨야 할 것 같아요.

박윤성 목사 네. 우상숭배는 하나님이 제일 싫어하시는 것입니다. 그래서 열두 지파에 12,000명씩을 더한 숫자가 144,000명입니다. 144,000이라는 숫자를 보면 숫자적인 144,000명인가 하고 오해할 수 있는데, 그게 아닙니다. 9절이 답을 우리에게 줍니다.

"이 일 후에 내가 보니 각 나라와 족속과 백성과 방언에서 아무도 능히 셀 수 없는 큰 무리가 나와 흰옷을 입고 손에 종려 가지를 들고 보좌 앞과 어린 양 앞에 서서"(7:9).

박윤성 목사 9절에 보니까 "내가 보니"라는 문구가 나옵니다. 보는 것은 무엇을 볼까요? 환상을 보는 것입니다. 지난번 5장에서 어린 양을 해석할 때도 똑같은 구조가 나왔었습니다. 계시의 말씀을 들었을 때 유대 지파의 사자 다윗의 뿌리가 이겼다, 메시아의 막강한 군사적 힘이 드러나는 것 같았어요. 그런데 5장 6절에 보면 "내가 또 보니"라고 했습니다. 보는 것은 환상이죠. 보는 환상이 들은 계시의 말씀을 해석해주는 구조입니다. '유대 지파의 사자 다윗의 뿌리'는 환상이 해석을 해 주었는데, 어린 양을 말하는 것이었습니다. 일찍 죽임을 당한 어린 양입니다. 메시아께서는 군사적 물리적 승리가 아니라 죽임 당한 어린 양으로 우리를 구원하심을 보여주었습니다.

똑같이 7장에도 어린 양을 따르는 무리입니다. 144,000명도 5절부터 8절까지 보면, 메시아의 군대 같은 모습으로 드러나요. 그런데 9절이, 보는 환상이 해석을 해 줍니다. 해석했더니 각 나라의 족속과 백성과 방언, 각 나라에서 나온 허다한 무리들입니다. 어떤 이단에서는 대한민국에서만 144,000명이 이루어진다고 말을 해요. 그런데 잘못된 이야기죠. 하나님의 백성은 각 나라와 족속과 백성과 방언에서 나온 아무도 능히 셀 수 없는 큰 무리입니다. 그러니까 144,000명이 문자적인 숫자가 아닌 것이죠. 아무도 능히 셀 수 없는 큰 무리입니다.

그런데 그 무리가 누구냐? 흰옷을 입고 손에 종려 가지를 들고 보좌 앞과 어린 양 앞에 서서 큰소리를 외치는 사람들입니다. 흰옷을 입은 사람이라는 것입니다. 이것은 **순교자**를 말하는 것입니다. 희생적 죽음으로 그리스도를 위하여, 하나님의 나라를 위하여 순교한 사람들을 말하는 것입니다. 들은 계시의 말씀을 보는 환상이 해석해줍니다. 메시아를 어린 양으로 해석해주었듯이, 마찬가지로 144,000명도 허다한 무리들이며, 이들은 순교자들입니다.

계시록의 세 가지 중요한 주제를 말씀드리지 않았습니까? 메시아 전쟁, 출애굽, 증인, 이 세 가지 중요한 주제를 말씀드렸는데, 주님이, 어린 양이신 주님이 세 가지 중요한 일들을 하셨거든요. 그 어린 양을 따르는 144,000명, 순교자들의 무리인 교회도 이와 같은 일을 한다는 것이지요. 어린 양이 순교하여 죽으신 것처럼 144,000명들도 죽는 것입니다. 그러니까 하나님의 나라를 이루고 진정한 출애굽과 하나님의 말씀을 이루는 방편은 죽음이라는 것입니다. 순교라는 것이죠.

진행자 주님께서 보여주신 그 길을 따라가는 것이네요.

박윤성 목사 그렇죠. 그러니까 아까 여섯 번째 인봉이 떼어지고 일곱 번째 인봉이 떼어지기 전에 7장이 삽입된 이유가 바로 이것입니다. 순교자의 숫자가 찰 때까지 기다리라는 것입니다. 이 말은 순교할 사람들이 아직 남아있다는 것이죠. 그 수가 찰 때 하나님 나라가 완성되고, 심판이 완전히 이루어지게 되는 것이죠.

그러니까 7장이 아주 중요한 역할을 하는 것이죠. 주님이 죽으셔서 우리를 구원하신 것과 같이 주님을 따르는 우리 교회가 순교자가 되는 것입니다. 또는 순교자적인 삶을 살아서 이 세상에 복음을 증거하는 역할을 감당해야 합니다. 그래야 하나님의 나라가 완성될 것이고, 완전한 심판과 완전한 결말이 오게 될 것입니다.

그러니 이단에서 말하는 144,000명과 얼마나 다른 이야기입니까? 우리가 그 안에 들어가서 내가 구원받고, 내가 어디를 통치하고, 이런 자기중심적인 이야기가 아닙니다. 자기가 잘되는 그러한 것이 아니에요. 내가 죽고, 순교하고, 희생함으로 하나님의 나라가 완성되는 것입니다. 하나님의 말씀이 증거되는 것입니다. 이 무리들이 바로 144,000명이요, 순교자요, 바로 우리 교회라는 것을 말해 주는 중요한 말씀입니다.

진행자 깊이가 있는 내용인데, 단지 물리적인 숫자에 사로잡혀 그 안에 들어야 되니 마니, 이렇게 논의한다는 것 자체가 수준 낮은 질문이라는 깨달음을 얻습니다.

박윤성 목사 그렇죠. 그냥 문자적으로만 보니까 아주 해석을 잘못하고 있는 것이죠. 그래서 이 순교자들의 무리가 찬양하는 것이 이 뒷부분에 나오는 것입니다. 참 감사한 것은 15절에서 17절까지를 보면 순교자의 무리를 위로하는 말씀이 있어요.

"그러므로 그들이 하나님의 보좌 앞에 있고 또 그의 성전에서 밤낮 하나님을 섬기매 보좌에 앉으신 이가 그들 위에 장막을 치시리니 그들이 다시는 주리지도 아니하며 목마르지도 아니하고 해나 아무 뜨거운 기운에 상하지도 아니하리니 이는 보좌 가운데에 계신 어린 양이 그들의 목자가 되사 생명수 샘으로 인도하시고 하나님께서 그들의 눈에서 모든 눈물을 씻어 주실 것임이라"(7:15-17).

박윤성 목사 얼마나 큰 위로의 말씀입니까? 마치 이 구절은 계시록 21
장과 22장의 마지막 지복의 상태를 미리 보는 듯합니다. 하나님께서
눈물을 닦아주시고, 다시는 주리지도 아니하며 목마르지도 않고, 해
나 뜨거운 것이나 아무것도 상하지 않는 지복의 상태가 기다리고 있
습니다. 새 하늘과 새 땅의 모습을 미리 보여주고 있습니다.

정리하면, 7장의 내용은 144,000명이 등장하는데 144,000명은
순교자들입니다. **어린 양 예수께서 죽으시고 순교하신 것처럼, 그를
따르는 교회도 순교, 또는 순교자적인 삶을 살 것을 말씀**합니다. 그
래서 주의 복음을 전파하고 하나님의 나라를 이루어가는 데 함께 동
역하는 무리로 우리를 부르셨다는 것에 감사해야 합니다. 우리를 사
용하심에 감사하는 것입니다.

진행자 네. 이렇게 해서 오늘 함께 7장 같이 나눴습니다. 삶에 적용하면
좋을 포인트를 어떻게 정리하면 좋을까요?

박윤성 목사 네. 어린 양 예수님처럼 우리도 섬기고, 희생하는 삶을 살기
를 노력합시다. 주의 일은 희생과 섬김이 없이는 이루어지지 않습니
다. 그래서 우리도 하나님의 동역자가 되었으면 좋겠습니다.

함께 이야기하기

1 하나님께서 우리를 그분의 동업자로 부르신 것은 무엇 때문입니까? 하나님이 우리의 동업자이신 것을 믿을 때, 우리가 갖게 되는 은혜들은 무엇이겠습니까?

2 어린 양을 따라서 교회도 순교자로서 운명 지어지는 것을 살펴보았습니다. 이 사실을 묵상하면서 세상에서 교회의 역할이 무엇인지 토론해 보십시오. 그리고 지금 우리 한국교회의 모습을 여기에 대입해 보고 한국교회의 문제점을 점검해 보십시오.

3 하나님이 우리와 함께 계시며 영원한 만족과 기쁨이 되신다는 말씀을 묵상하면서 교회의 위치, 신분이 무엇인지 말해보십시오.

15 기도의 향연(8:1-5)

진행자 목사님. '요~복음!' 지금까지의 내용을 먼저 총정리하고 시작하면 좋겠습니다.

박윤성 목사 우리가 7장까지 살펴보았습니다. 이제 앞부분을 요약하면 도움이 되겠지요. 요한계시록은 사도 요한이 밧모 섬에 유배되었을 때, 하나님께서 그에게 주신 계시의 말씀을 기록한 것입니다. 요한계시록은 묵시문학의 특징과 서신서의 특징도 있고, 예언서의 특징도 있습니다. 묵시문학의 특징은 고난당하고 있는 성도들을 위로하시기 위해 쓰인 작품이라는 것입니다. 또한, 그들에게 앞으로 일어날 일들을 보여주는 그것을 묵시문학이라고 합니다.

앞부분에서 서론 격으로 일곱 교회가 나왔었습니다. 일곱 교회 모습을 보면 핍박과 환난 중에 있는 교회도 있었고, 앞으로 환난을 당할 교회도 있었고, 핍박이 없는 교회도 있었습니다. 여러 형편의 교회들이 나왔는데, 중요한 것은 핍박과 환난과 상관없이 늘 하나님 앞에 신실하게 살아가는 성도들이 되어야 할 것을 보여주는 말씀이었습니다.

이 일곱 교회의 내용이 3장까지 나왔습니다. 이 말씀들이 뒷부분의 서론 역할을 하게 됩니다. 특별히 우리가 눈여겨보아야 할 부분은 "인자 같은 이"로 나타나신 예수 그리스도이십니다. 어린 양으로 나타나셨고 인자 같은 이로 나타나셨습니다. 예수님이 어떤 분인지 분명히 알라는 것입니다.

그다음에 4장과 5장은 요한계시록의 핵심 장입니다. 4장에서는 하늘에서의 예배가 등장합니다. 모든 만물이 하나님을 찬양하고 경배하는 것이 4장의 내용입니다. 하나님은 예배를 받으실 분이시며, 하늘에서 통치하시는 분이십니다. 그러므로 4장의 핵심 내용은 예배와 통치입니다. 이 땅의 로마 황제, 또는 이 땅에 있는 그 어떤 존재가 예배 대상이 아니라 하나님만이 예배의 대상이십니다. 진정으로 이 세상을 통치하시는 분은 하나님이십니다. 이것이 보좌 환상, 4장의 내용이었습니다.

5장에서는 어린 양 예수 그리스도가 등장합니다. 어린 양 예수 그리스도가 유대 지파의 사자로 등장했으나, 그 실상은 죽임당한 어린 양으로 해석합니다. 그리스도 곧 어린 양의 죽으심이었습니다. 이를 통해서 하나님의 백성이 구원의 역사에 동참합니다. 그러므로 이 어린 양이 계시의 책, 인봉된 책을 뗄만한 자격이 생긴 것입니다.

6장에서는 인봉이 떼어집니다. 일곱 개의 인봉 중에서 여섯 가지 인봉이 떼어집니다. 여기에 나오는 여러 가지 재앙들, 어려움, 기근, 전쟁들이 있었으나, 이런 것들로는 세상이 회개하지 않는다는 것을 보여줍니다. 그래서 6장에 인봉이 떼어짐에도 불구하고 사람들이 회개하지 않아요. 그러한 이유로 7장이 삽입되어 들어가는 것입니다.

7장은 유명한 144,000명이죠. 144,000명은 순교자의 무리라고 했었죠. 이 순교자의 무리, 교회가 어린 양 예수 그리스도의 희생처럼 죽고, 순교당하고, 섬기게 될 때 하나님의 나라가 확장되어나가는 것을 볼 수가 있었습니다.

이같이 앞부분에 핵심적인 내용이 많이 등장했습니다. 재앙과 심판으로는 사람들이 회개하지 않았습니다. 그러자 하나님께서는 어린 양의 죽으심과 144,000명 교회의 희생과 죽음을 통해서 구원의 역사를 이끌어 가신다는 것을 살펴봤습니다.

진행자 이제 8장부터 시작을 할 텐데요. 6장이 여섯 번째 인봉까지 떼어지고 일곱 번째 인봉이 아직 나오지 않은 상태에서 끝났습니다.

여섯 번째와 일곱 번째 사이에 7장이 삽입됐다고 말씀하셨는데 그 이유가 무엇인지부터 알고 시작하면 좋겠어요.

박윤성 목사 그렇죠. 일곱 번째 인봉이 8장에서 떼어지게 되는데 그전에 7장이 삽입되었습니다. 전에 말씀드렸는데, 7장은 144,000명 순교자 무리가 등장하게 되는 것이지요. 사람들이 재앙으로는 말을 안 들어요. 재앙으로 회개를 안 해요. 우리도 어렸을 때 매와 꾸지람이 무서워서 변하기도 하지만, 사실 사람이 혼나는 것을 통해서는 잘 변하지 않거든요.

진행자 사랑 때문에 변했지요.

박윤성 목사 그렇죠. 그 사랑은 곧 죽음, 희생, 십자가의 죽음을 보여준 예수님처럼 바로 144,000명, 순교자들이 죽을 때, 희생을 당할 때, 그때 구원의 역사가 일어나게 된다는 것을 보여주는 것입니다. 물론 이것은 반복적으로 뒤에도 나옵니다. 7장이 여섯 번째와 일곱 번째 인봉 사이에 삽입 장으로 끼어들어간 것은 상당히 중요한 역할을 하고 있습니다. 그 이후에 일곱 번째 인봉이 떼어지는 것으로 오늘 본문이 시작되는 것이지요.

진행자 목사님 말씀을 들으니까요. 희생과 순교는 참 중요하다는 것을 알게 되었습니다. 우리도 교회와 하나님 나라를 위해서 희생해야 한다는 것을 다시 한 번 생각하게 됩니다. 혹시 목사님께서도 교회를 섬기고 희생하신 경험이 있으실까요?

박윤성 목사 네. 저도 요한계시록을 공부하면서 예수님을 좀 닮아보려고, 작은 예수가 되려고 노력을 해보고 있습니다. 이런 말이 있습니다. "교회는 지도자의 섬김과 희생이 없이는 교회다워지지 못한다." 그래서 목회자들이 모범을 보여야 합니다. 저를 가르쳤던 목사님이 한번은 설교를 하시는데, "한국교회가 썩었다!"라고 충격적인 말씀을 하셨습니다. 그 이유는 목회자들이 썩었기 때문에 그렇다는 것입니다. 참 충격적인 도전의 메시지였는데, 목회자들, 지도자들이 하나님 앞에서 경성하고 섬기는 자세로 충성스럽게 목회를 감당해야 함을 그렇게 말씀하셨습니다.

저희 교회는 몇 년 전에 건축을 했습니다. 사실 저를 비롯한 건축 위원들, 장로님들이 헌신을 참 많이 하셨어요. 전체 건축헌금의 약 1/4을 13명의 건축 위원들이 다 감당을 하셨어요. 그 때 지도자들의 섬김의 모습을 보고 성도들이 따라오게 된다는 것을 배우게 되었습니다. 그래서 우리의 사랑과 희생과 섬김이 교회를 살린다고 믿는 것입니다.

진행자 네. 정말 누군가의 섬김과 희생이 없이는 막대한 영향을 미칠 수 없다는 것을 저희도 삶 속에서 많이 느끼는데요. 우리도 우리 주변의 그런 희생과 섬김을 통해 선한 영향을 미치는 크리스천이 되기를 다짐해 봅니다.

이런 소망을 갖고 본격적으로 요한계시록 8장으로 들어가 보겠습니다. 목사님, 8장 1절 시작해볼까요?

"일곱째 인을 떼실 때에 하늘이 반시간 쯤 고요하더니 내가 보매 하나님 앞에 일곱 천사가 서 있어 일곱 나팔을 받았더라"(8:1,2).

박윤성 목사 이제 일곱 번째 인봉을 떼는 장면이 등장합니다. 일곱 번째 인봉을 떼는데, 이때 하나님 나라가 완성되는 것처럼 느껴지지만 그렇지는 않습니다. 왜냐하면, 일곱 번째 인봉의 내용이 없어요. 앞에 첫 번째부터 여섯 번째까지 인봉은 내용이 있었거든요. 그런데 일곱 번째 인봉은 내용이 없습니다. 2절 후반부에 보면 일곱 나팔이 나오게 됩니다. 그러니까 일곱 번째 인봉은 일곱 나팔입니다. 인봉과 나팔이 연결되어서 나오는 것을 보게 됩니다.

앞에 인봉을 뗄 때 재앙은 땅의 1/4이 멸망하는 이런 내용이 나왔습니다. 그런데 일곱 나팔을 보면 땅의 1/3이 멸망하게 됩니다. 그러니까 멸망과 심판이 점점 더 강화되는 것이죠. 더 확장되어서 심판이 쏟아지는 것을 보게 됩니다. 그런데 사람들이 회개를 안 해요. 결국에는 뒤에 교회가 죽임 당하는 순교 장면까지 나오게 됩니다.

정리하면, 일곱 번째 인봉의 내용은 없는데, 없는 것이 아니라 일곱 나팔이 바로 일곱 번째 인봉의 내용이라 볼 수 있습니다. 여기 보면 1절에 "하늘이 반시간쯤 고요하더니"라는 말씀이 나옵니다.

진행자 침묵이 흐른 것 같습니다.

박윤성 목사 왜 고요했을까요?

진행자 일종의 폭풍전야처럼 기다리라는 것일까요?

박윤성 목사 폭풍전야? 맞는 말입니다. 이제 나팔 재앙이 쏟아질 것입니다. 그 직전에 반시간 쯤, 잠시 고요함이 등장하면서 앞으로 쏟아질 심판을 드라마틱하게 보여주는 거죠. 그래서 "하늘이 반시간쯤 고요하더니" 이런 말씀이 나오게 됩니다.

또 여기 보면 일곱 천사가 일곱 나팔을 들고 있는 것을 보게 됩니다. 여기 일곱 천사는 유대 묵시문학에서 보면 천사장들로 나옵니다. 왜냐하면, 원문을 보면 그 앞에 정관사가 붙어있어요. '호'라는 정관사가 있는데 이 말은 바로 '그' 천사들이라는 뜻입니다. 구약성경에서 바로 '그' 천사라고 이야기할 때는 천사장들을 이야기하는 것입니다. 천사장들이 하나님의 일곱 나팔 심판을 이제 집행하려고 딱 준비하고, 대기하고 서 있는 그런 모습이죠. 그래서 심판이 쏟아지기 직전에 하늘이 반시간쯤 고요한 폭풍전야와 같은 모습으로 여기서 등장하고 있습니다.

> "또 다른 천사가 와서 제단 곁에 서서 금향로를 가지고 많은 향을 받았으니 이는 모든 성도의 기도와 합하여 보좌 앞 금 제단에 드리고자 함이라 향연이 성도의 기도와 함께 천사의 손으로부터 하나님 앞으로 올라가는지라"(8:3,4).

진행자 목사님, 여기 보니까 금향로와 향, 기도가 등장하는데요. 앞에서도 향로가 나왔던 기억이 있어요. 향과 기도가 어떤 관계가 있을까 다시 또 궁금해집니다.

박윤성 목사 참 멋있는 그림 아니겠습니까? 향, 향연, 향기가 하나님께로 올라가는데, 이것은 성도들의 기도입니다. 이렇게 비유적으로 말씀하고 있죠. 우리가 꼭 잊지 말아야 할 부분입니다. 우리 성도들의 기도는 하나님이 향기롭게 받으시는 향연과 같다는 것을 알아야 합니다. 본문에 보면 제단, 금 향로, 향 이런 것들이 나오는데, 이것을 모든 성도의 기도와 동일한 것으로 간주합니다.

구약에 보면 향을 피우며 향기가 올라갈 때 성도들이 성전 밖에서 기도합니다. 기도하는 시간이 바로 향연이 올라가는 시간이 되는 것이죠. 그러므로 우리의 기도는 하나님이 향기롭게 받으시는 향연이라는 것을 여기서 배울 수 있습니다. 많은 향을 받은 천사가 등장하는데 천사가 향기를 가지고 보좌 앞으로 올라갑니다.

여기서 천사를 중보자로 이해하면 안 됩니다. 우리에게 중보자는 한 분밖에 없거든요. 예수 그리스도 그분만이 대제사장이 되시고 우리의 유일한 중보자가 되십니다. 그러므로 여기 나타나는 천사는 성도들의 기도를 들고 하나님의 보좌로 올라가는 전달자 역할이지 중보자라고 보면 안 됩니다. 중세 시대에 보면 천사나 성인들을 중보자로 세워서 그들에게 기도하는 일이 있었습니다. 천사에게 기도하고, 천사를 숭배하고, 성인을 숭배하고, 성인에게 기도하는 것은 잘못된 일입니다. 천사나 다른 중보자는 없습니다. 우리의 중보자는 예수 그리스도밖에 없다는 것을 알아야 합니다.

진행자 그냥 전달해주는 역할만 감당하는군요. 여기서 명확하게 알고 넘어가면 좋겠습니다.

박윤성 목사 그렇죠. 천사는 성도의 기도, 향연을 전달하는 역할을 합니다. 여기서 향기가 나오죠. 향기로운 기도가 하나님께 올라가는데, 향기는 항상 희생과 관련이 있었습니다. 구약에서도 그렇고, 신약에서도 그렇습니다. 번제를 드릴 때 번제 위에 향을 얹어 놓거든요. 그럼 함께 불에 태워져서 향기가 나는 것입니다. 그러니까 향기가 발생하게 되는 이유는, 번제처럼 태워질 때 향기가 나는 것이죠.

그러므로 이것은 희생과 연관이 있는 것입니다. 하나님 앞에 우리의 기도는 희생적인 것과 관련이 있다는 것을 알게 해 주는 것입니다. 사실 기도가 쉬운 일이지만 어떤 면에서는 어렵거든요. 우리가 매일매일 기도하고, 쉬지 않고 기도하는 일은 쉽지 않은 일입니다. 어떤 면에서 우리의 기도에 헌신과 희생이 동반되어야 한다는 것을 우리에게 알려주고 있는 말씀입니다.

시편 141편 2절에서는 향기와 제사를 병행구로 사용을 해요. "나의 기도가 주의 앞에 분향함과 같이 되며 나의 손드는 것이 저녁 제사같이 되게 하소서"라고 기도하는데, 우리의 기도가 제사처럼, 희생 제사처럼 올라가야 한다는 것을 우리에게 보여주는 좋은 말씀입니다. 그러므로 우리는 기도하기를 힘써야 합니다. 기도할 때는 희생이 동반되어야 합니다. 쉬지 말고 기도해야 합니다. 기도가 쉽지 않거든요. 우리가 기도를 힘씀으로 하나님께서 우리의 기도를 기쁘게 받으신다는 것을 경험하는 모두가 됐으면 참 좋겠습니다.

진행자 이것을 가시적으로 생각해 보면 우리가 기도할 때 많은 향이 모아지고, 또 그것을 통해서 천사가 가지고 올라가는 장면인데, 기도하지 않으면 가지고 올라갈 것이 없습니다. 힘들어도 목사님 말씀처럼 희생을 각오하고 바쁜 일상 중에서도 시간을 정해놓고 기도의 자리로 나아갈 때 향이 피어날 것이라 믿습니다.

박윤성 목사 그렇습니다. 이미지로 우리에게 보여주는 거잖아요. 그러므로 우리의 기도는 향기로운 향연으로 하나님께 올라간다는 것을 잊지 마시고, 기도는 강한 힘을 가지고 온다는 것을 믿으시기 바랍니다.

"천사가 향로를 가지고 제단의 불을 담아다가 땅에 쏟으매 우레와 음성과 번개와 지진이 나더라"(8:5).

박윤성 목사 4절까지 기도가 향연으로 올라갔는데 기도 응답이 없는 것같습니다. 그런데 5절을 자세히 보시면 5절이 기도 응답입니다. 앞에 6장에서도 보셨는데요. 6장 10절에서 순교자들이 하나님 앞에 청원하는 기도가 있었습니다. 그런데 좀 기다리라 말씀하셨거든요.

진행자 "어느 때까지 하시려나이까?"라고 여쭤보는 장면이지요.

박윤성 목사 순교자들이 찰 때까지 기다려야 된다는 응답이 6장에 있었어요. 그런데 지금 8장 5절은 기도 응답의 일부분이라고 볼 수가 있습니다. 하나님이 기도의 응답을 하시는데, 제단에 불을 담아다가 땅에 쏟으매 우뢰와 음성과 번개와 지진이 납니다. 나팔 재앙으로 응답하시는 것입니다. 앞의 인봉 재앙 때보다 나팔 재앙이 좀 더 강력한 재앙입니다. 우뢰와 음성과 번개와 지진이 그것입니다. 뒤로 갈수록 재앙은 점점 강화됩니다.

예를 들어보면 이런 것이지요. 4장에서는 번개와 음성과 뇌성, 이렇게 나왔는데, 8장 5절에서는 뇌성과 음성과 번개와 지진으로 응답하셨어요. 11장 19절에 가면 번개와 음성들과 뇌성과 지진과 큰 우박으로 더 강화됩니다. 16장 18절 이하에 보면 번개와 음성들과 뇌성이 있고, 또 큰 지진과 큰 우박이 쏟아집니다. 뒤로 갈수록 재앙이 점점 강화되는 것을 볼 수 있습니다.

점차적으로 심판이 강화되지만, 사람들이 회개를 잘 안 해요. 이게 문제입니다. 인간이 얼마나 악합니까? 맞아도 회개하지 않는 인류의 모습을 발견하게 됩니다. 그래서 주님이 이 땅에 오셨고, 주님이 십자가를 지시고 돌아가시게 된 것입니다. 이 모습을 본받은 교회가, 순교자들이 주님처럼 희생하고 죽임을 당할 때, 그때 이들이 회개하고 돌아오는 역사를 만나보게 될 것입니다.

함께 이야기하기

1 일곱 번째 인과 일곱 나팔과의 상관관계를 설명해 보시고, 이것의 연결점이 왜 중요한지 이야기해 보세요.

2 성도들의 희생을 동반한 기도는 하나님께서 결코 잊지 아니하십니다. 이 사실을 묵상하면서 여러분들의 봉사와 수고와 헌신을 돌아보시고 결심하는 시간을 가지십시오. 또한, 여러분의 기도 생활을 점검해 보십시오.

3 우리가 일반적으로 말하는 "내 십자가는 ....야!"라는 말이 있습니다. 이러한 우리의 수고와 헌신을 통하여 축복을 받게 될 사람은 결국 누구입니까? 그렇다면, 우리의 수고와 봉사를 어떤 자세로 감당해야 하겠습니까?

16 기근, 심판, 그리고 하나님(8:6-12)

진행자 지난 시간에 요한계시록 8장 1절부터 5절까지 함께 공부하며 일곱 번째 인이 떼어지는 장면을 살펴보았습니다. 일곱 번째 인이 떼어지고 하늘이 고요한 뒤 하나님 앞에 일곱 나팔을 받은 천사가 나타났는데요. 성도들의 기도를 상징하는 금향로를 천사들이 가지고 올라가며 제단에 불을 담아 땅에 쏟으니 우뢰 음성과 번개와 지진이 났습니다.

"첫째 천사가 나팔을 부니 피 섞인 우박과 불이 나와서 땅에 쏟아지매 땅의 삼분의 일이 타 버리고 수목의 삼분의 일도 타 버리고 각종 푸른 풀도 타 버렸더라"(8:6).

진행자 7절을 보니까 피 섞인 우박과 불이 나오는 무서운 심판 같이 느껴집니다. 출애굽 때 애굽에 우박이 쏟아진 장면도 기억이 나는데 연관이 있을까요?

박윤성 목사 네. 맞습니다. 나팔 심판을 자세히 보면 출애굽 할 때 부어졌던 재앙들을 본 따서 가지고 오는 장면들이 많이 있습니다. 그래서 우리가 출애굽기 9장, 10장 이런 부분들을 함께 연결해서 말씀을 연구하는 것이 중요합니다. 첫 번째 나팔을 불었을 때, 피 섞인 우박과 불이 쏟아지는 장면이 등장합니다. 이 말씀은 출애굽기 9장 22절에서 25절에 나타나고 있습니다.

"여호와께서 모세에게 이르시되 너는 하늘을 향하여 손을 들어 애굽 전국에 우박이 애굽 땅의 사람과 짐승과 밭의 모든 채소에 내리게 하라 모세가 하늘을 향하여 지팡이를 들매 여호와께서 우렛소리와 우박을 보내시고 불을 내려 땅에 달리게 하시니라 여호와께서 우박을 애굽 땅에 내리시매 우박이 내림과 불덩이가 우박에 섞여 내림이 심히 맹렬하니 나라가 생긴 그 때로부터 애굽 온 땅에는 그와 같은 일이 없었더라 우박이 애굽 온 땅에서 사람과 짐승을 무론하고 무릇 밭에 있는 것을 쳤으며 우박이 또 밭의 모든 채소를 치고 들의 모든 나무를 꺾었으되"(출 9:22-25).

이같이 출애굽기 9장에 나왔던 우박과 불의 재앙을 오늘 본문이 가지고 오는 것입니다. 계시록은 구약성경과 아주 밀접한 연관을 가지고서 우리에게 계시의 말씀을 주고 있습니다. 여기에 보면 우박과 불이 하늘로부터 떨어집니다. 땅에 있는 피조물 중에 세 부분에 떨어집니다. 땅과 나무들과 풀들입니다. 이렇게 땅에 재앙이 쏟아지는데, 이것을 문자적으로 그대로 불로 보는 것은 어려움이 있습니다. 물론 재앙과 어려움은 있습니다. 성경을 보면 불을 의미할 때 실질적인 불을 의미하기도 합니다. 또한, 재앙과 심판을 비유적으로 말할 때 이렇게 불이라는 단어가 등장하기도 합니다.

사실 출애굽기 9장에서도 우박과 불이 쏟아지지만 땅 전체가 망하는 것이 아니었거든요. 우박이 쏟아짐으로 일부분에 음식 공급에 문제가 생겼습니다. 우박이 떨어지면 식물들이 상하게 되는 것이죠. 계시록 6장에도 나왔었는데, 이런 재앙은 보리와 밀 곡식들이 상함으로 기근이 찾아오는 재앙을 의미합니다. 그래서 첫 번째 나팔 재앙은 세 번째 인봉하고 같은 재앙이라고 볼 수 있습니다. 그러나 그 강도는 인봉 재앙 때보다 강한 강도로 등장하게 됩니다. 인봉을 뗄 때 재앙은 땅의 1/4이 심판을 당하고 어려움을 당하지만, 나팔 재앙은 땅의 1/3이 고통과 재앙을 당하게 됩니다.

그래서 이 심판은 기근의 심판으로 볼 수 있는데, 전체적인 심판은 아닙니다. 왜냐하면, 하나님께서는 일부분에 재앙을 내려 기근과 어려움을 주시면서 남아있는 사람들이 회개할 기회를 주시는 것이지요. 남아있는 자들에게 경고하시는 경고의 심판이라고 볼 수 있습니다. 그러므로 우리는 두 가지 면을 함께 봐야 합니다. 일부분에 기근이 쏟아지게 되지만, 나머지를 다 심판하지 않으심으로 하나님은 경고하시면서 기다리고 계시죠. 누구를 기다릴까요?

진행자 죄인들이 회개해서 돌아오기를 기다릴 것 같습니다.

박윤성 목사 아직도 하나님을 모르고 회개하지 않은 자들이 회개하고 돌아오기를 하나님이 기다리십니다. 이런 재앙을 쏟아 부으면서도 기다리시는 아버지를 보게 됩니다. 그래서 우리는 재앙을 보면서 재앙만 보면 안 됩니다. 재앙과 동시에 하나님의 기다리심, 아버지께서 기다리고 계시는 그 기다림을 함께 바라봐야 합니다.

"둘째 천사가 나팔을 부니 불붙는 큰 산과 같은 것이 바다에 던져지매 바다의 삼 분의 일이 피가 되고 바다 가운데 생명 가진 피조물들의 삼 분의 일이 죽고 배들의 삼 분의 일이 깨지더라"(8:8,9).

진행자 점점 무섭고 강한 심판이 쏟아지는 것 같습니다. 바다의 1/3이 피가 되고 바다 생물들이 다 죽어 버렸어요. 어떻게 이해하면 좋을지 궁금하고요. 목사님, 무엇인가가 바다에 던져졌다는 것을 저희가 어떻게 바라봐야 좋을지 궁금합니다.

박윤성 목사 그렇죠. 계속 1/3이 나오죠. 인봉 심판에서는 1/4이었는데, 나팔 심판에서는 1/3, 좀 더 강도가 또는 범위가 넓어지는 심판이라는 것을 알게 됩니다.

진행자 숫자보다는 그냥 더 넓어졌다, 그렇게 이해하면 될까요?

박윤성 목사 비유적인 것입니다. 그 재앙이 더 강해지고 더 많아지고 있습니다. 이유는 돌아오기를 기다리는 하나님께서 계속적으로 경고를 보내시는 것이라고 볼 수 있습니다. 애굽 온 땅에 피가 있게 되는, 나일 강이 피로 변하는 사건을 기억하고 있습니까? 강에 있던 물고기들이 죽었던 사건을 기억하는데 그 재앙을 본떠 와서 지금 여기 두 번째 나팔 재앙이 쏟아지게 됩니다.

그런데 출애굽 때와는 달리 큰 산과 같은 타는 불덩어리가 떨어집니다. 큰 별과 같고, 큰 산과 같고 그런 불덩어리가 떨어집니다. 산이나 별을 말할 때는 왕국을 주로 의미했었습니다. 구약성경과 유대 묵시문학을 보면 이것은 왕국을 의미하는 구절들로 많이 나옵니다. 그래서 불이 떨어졌다는 것은 불의 심판이 악한 왕국에게 쏟아지는 것을 보여줍니다. 예레미야 51장 25절에 보면 바벨론의 심판이 나오는데요, 이런 심판이 있습니다.

"여호와의 말씀이니라 온 세계를 멸한 멸망의 산아 보라 나는 네 원수라 나의 손을 네 위에 펴서 너를 바위에서 굴리고 너로 불 탄 산이 되게 할 것이니"(렘 51:25).

불타는 산, 타는 큰 별은 왕국의 멸망을 이야기하는 것이지요. 사악한 왕국, 하나님을 대적했던 왕국의 멸망을 말하는데, 특별히 계시록 뒷부분 11장 이하에 가보면 이것을 바벨론이라고 이야기를 해요. 바벨론은 계시록이 쓰일 당시에 로마 제국을 비유적으로, 상징적으로 말하는 것이었습니다. 그런데 이 로마 제국이 멸망할 것을 보여주는 말씀이었습니다. 더 나아가서는 사탄의 왕국, 어둠의 왕국이 멸망하게 될 것을 보여주는 것입니다.

"셋째 천사가 나팔을 부니 횃불 같이 타는 큰 별이 하늘에서 떨어져 강들의 삼분의 일과 여러 물 샘에 떨어지니 이 별 이름은 쓴 쑥이라 물의 삼분의 일이 쓴 쑥이 되매 그 물이 쓴 물이 되므로 많은 사람이 죽더라"(8:10,11).

진행자 네 큰 별이 떨어졌습니다. 눈앞에 이 장면을 그려보면 정말 무시무시할 것 같은데요. 그런데 별 이름도 쓴 쑥이네요. 특이해요, 목사님.

박윤성 목사 네. 그렇습니다. 둘째 나팔에서는 큰 산이 나왔고요. 이것은 왕국, 나쁜 왕국들의 멸망을 이야기해주었습니다. 세 번째에서는 큰 별이 나옵니다. 불덩어리 같은 큰 별이 떨어지는데 이 재앙 역시 기근을 계속적으로 상징한다고 볼 수 있습니다. 특별히 타는 큰 별이 나옵니다. 이 별은 하나님의 신적인 심판의 대행자를 보여줍니다. 천사들이 하나님의 심판의 대행자로 나타나서 심판할 때 이런 표현들이 등장합니다. 이 별은 하나님의 심판이 악한 왕국에 쏟아지는 것을 보여줍니다.

특별히 별을 왕국을 대표하는 천사라고 이야기하는 성경이 있어요. 이사야 14장에 보면, 바벨론 왕과 그의 민족들이 심판당하는 것을 말할 때 바벨론의 수호천사를 이렇게 이야기합니다.

"너 아침의 아들 계명성이여 어찌 그리 하늘에서 떨어졌으며 너 열국을 엎은 자여 어찌 그리 땅에 찍혔는고……. 그러나 이제 네가 스올 곧 구덩이 맨 밑에 떨어짐을 당하리로다"(사 14:12-15).

여기서 말하는 큰 별은 그 나라, 왕국을 지키는 어떤 천사를 상징하는 것이었죠. 그러므로 여기에서도 하나님께서는 악한 왕국을 멸하시고 심판하게 될 것을 우리에게 알려주시는 것입니다.

진행자 별이 떨어지는 것이 왕국의 멸망을 나타내는 것이라고 이해할 수 있겠네요.

박윤성 목사 그래서 그 별의 이름을 쑥이라고 이야기하죠. "쓴 쑥이라" 그 쓴 쑥이 물에 떨어지게 되니까 많은 사람이 그 물을 잘 먹지 못하죠. 그리고 그 물을 먹으므로 죽게 됩니다. 역시 이것도 일부분이죠. 1/3이 멸망하는 것을 보여주는데, 요약하면 이렇습니다. 1세기 당시에는 로마 제국이 하나님을 대항했고, 현재는 악한 사탄의 세력들이 하나님을 대항하고 대적하고 있습니다. 회개하지 않고 돌아오지 않는 자들은 멸망당하고 징계를 받을 것을 계속적으로 경고하는 말씀입니다.

"넷째 천사가 나팔을 부니 해 삼분의 일과 달 삼분의 일과 별들의 삼분의 일이 타격을 받아 그 삼분의 일이 어두워지니 낮 삼분의 일은 비추임이 없고 밤도 그러하더라"(8:12).

진행자 목사님, 계속해서 1/3이 나옵니다. 앞에서부터 이어지는 느낌인데요. 이것도 큰 규모라고 볼 수 있겠네요.

박윤성 목사 그렇죠. 여기 보면 특별히 태양과 달과 별들이 공격을, 심판을 당하게 됩니다. 그런데 1/3의 빛이 공격을 당하는데, 태양 빛의 1/3이 공격을 당합니다. 이것도 좀 어려운 이야기이잖아요. 이것은 비유적인 언어입니다. 아직은 총체적이거나 전체적인 심판은 아니고 일부분의 심판인 것을 보여주는 것이죠. 특별히 출애굽기 10장 21절을 근거로 한 말씀인데, 애굽의 삼일 삼야를 어둡게 하는 어두움의 재앙이 있었죠. 바로 그것과 연관이 되는 것입니다.

바로 왕은 자기가 태양신 '라'라고 이야기했었어요. 태양신이었던 '라'가 성육신해서 인간의 몸을 입고 이 땅에 온 것이 바로 왕이라고 주장했습니다. 그러므로 삼일 삼야를 어둡게 하신 하나님의 재앙은 하나님을 대항했던, 자기가 하나님이라고 주장했던 바로 왕을 친 재앙인 것입니다. 삼일 삼야 후에는 다시 빛이 나타나게 됐던 것이죠. 그러므로 1/3 또는 삼일 삼야, 이것은 전반적인, 전체적인 재앙이 아니라는 말입니다. 하나님이 일부를 치시고 일부에 재앙을 쏟아 부으신 것을 말합니다. 그래서 이들이 깨닫고 돌아오고, 회개하기를 하나님은 여전히 기다리고 계시는 것입니다.

우리 성도들 중에도 가끔 고난 후에, 매 맞고 돌아오시는 분들이 있어요. 죄를 짓다가 징계를 받고 깨닫고 돌아오는 분들이 있습니다. 그런 분들은 그래도 복된 분들입니다. 깨닫고 돌아온 그것이 하나님의 징계이자 또는 기다리시는 하나님 아버지의 마음이라고 볼수가 있습니다.

"내가 또 보고 들으니 공중에 날아가는 독수리가 큰 소리로 이르되 땅에 사는 자들에게 화, 화, 화가 있으리니 이는 세 천사들이 불어야 할 나팔 소리가 남아 있음이로다 하더라"(8:13).

진행자 독수리가 땅에 있는 이들에게 경고하는 장면 같습니다. 앞으로 더 불어야 할 나팔이 남아있다는 것, 다가올 심판이 더 기다리고 있다는 것이겠죠.

박윤성 목사 그렇죠. 넷째 나팔이 불리고 난 다음에 다섯 번째가 불리기 직전에 13절이 있습니다. 13절에 보면 독수리가 큰소리를 지르는 사건이 등장하게 되는 것이었죠. 이게 뭔가 좀 의미심장한 것 아니겠습니까? 독수리는 주검, 죽음이 있는 곳에 나타나죠? 그리고 독수리가 외치는 소리가 있는데 "화 화 화가 있으리로다"라고 합니다. 앞으로 더 큰 나팔 재앙이 남아 있다는 것입니다. 앞으로 세 가지가 더 남아있는데, 그래서 독수리가 "화 화 화"라고 세 번 부르짖는 것입니다.

13절의 목적은 이제 남아있는 세 가지 나팔 재앙이 더 심각하다는 것을 우리에게 보여주는 것이죠. 갈수록 강도가 더 강해지기 때문에, 그러므로 경고를 받고 돌이켜야 한다는 것을 우리에게 보여주는 아주 극적인 그림이라고 볼 수 있습니다.

함께 이야기하기

1 일곱 나팔의 재앙과 출애굽기에 나타나는 애굽에 내린 재앙을 비교해 보면서 그 차이점과 비슷한 점을 이야기해 보십시오.

2 자신을 태양으로, 아폴로 신으로 자처했던 로마 황제에 대한 심판을 살펴보았습니다. 현대에 있어서 마치 태양과 아폴로 신처럼 되어버린 우상들은 무엇인지 말해 보시고, 우리가 이러한 우상들을 어떻게 대처해 나가야 할 것인지를 말해 보십시오.

3 하나님의 인을 맞은 자들의 축복이 무엇입니까? 짐승의 인과 하나님의 인을 비교해 보면서 그 축복을 이야기해 보세요.

17 나팔을 불 때 일어나는 일(9:1-21)

진행자 지난주에 이어서 오늘부터는 요한계시록 9장 말씀을 공부할 예정인데요.

박윤성 목사 네. 그렇습니다. 9장을 살펴보겠습니다. 지난번에 네 번째 나팔까지 살펴봤습니다. 오늘은 다섯 번째와 여섯 번째 나팔 재앙과 심판을 살펴보겠습니다.

"다섯째 천사가 나팔을 불매 내가 보니 하늘에서 땅에 떨어진 별 하나가 있는데 그가 무저갱의 열쇠를 받았더라"(9:1).

진행자 1절을 보니까요. 하늘에서 땅에 떨어진 별이 지난주에 이어서 계속 나옵니다. 계시록에 보면 특히 별이 많이 나와서 신비로운 것 같은데 이 별, 어떻게 이해하면 좋을까요?

박윤성 목사 네, 별이 많이 나오죠. 이 별이 문자적인, 실제적인 별이라고 생각하기보다는 이것이 의미하는 바 상징적인 의미를 살펴보아야 합니다. 하늘에서 땅에 떨어진 별 하나가 있습니다. 헬라 원문에 보면 시제가 중요합니다. 완료형 시제입니다. 별이 이미 떨어졌어요. 별이 이미 떨어지고 난 뒤에 요한이 보게 됩니다. 그러면 떨어진 별이 뭘까요? 이 별이 선한 존재냐 악한 존재냐 하는 것이 숙제입니다. 앞에 8장에서도 살펴봤는데 그런 방식으로 해석을 해야 합니다.

8장 10절에서 별은 심판의 실행자인 천사를 말합니다. 하늘에서 별이 하나 떨어져 심판이 쏟아지는 것을 우리에게 보여주는 것입니다. 이것을 증거해 주는 말씀이 바로 예수님의 말씀에 나옵니다. 예수님이 사단이 떨어지는 것을 말씀하셨어요. 누가복음 10장 18절입니다. "사단이 하늘에게 번개같이 떨어지는 것을 내가 보았노라"라고 하셨죠. "번개같이", 이것을 어떤 번역에서는 "별같이"라고도 번역을 합니다. 하늘에서 떨어진 별이 뭐냐? 이것은 선한 천사가 아니라 타락한 천사라는 것을 우리가 알 수 있습니다.

이것을 더욱더 본문 안에서 확증해 줍니다. 11절 말씀에 보면 "무저갱의 사자"라고 말합니다. "왕"이라고 하고요. 이름을 "아바돈", 또는 "아볼루온"이라고 하는데, 이것은 '파괴자'라는 뜻입니다. 하늘에서 떨어진 별은 악한 천사입니다. 심판의 실행자인 천사라고 볼 수 있습니다. 아바돈과 아볼루온은 뒤에서 한 번 더 살펴보겠습니다.

"그가 무저갱을 여니 그 구멍에서 큰 화덕의 연기 같은 연기가 올라오매 해와 공기가 그 구멍의 연기로 말미암아 어두워지며"(9:2).

박윤성 목사 그 별, 떨어진 별이 징계와 심판을 실행하는 천사입니다. 그 천사가 무저갱을 열었습니다. 그랬더니 연기가 올라오죠. 그 연기 때문에 태양과 공기가 어둡게 됩니다. "태양이 어두워졌다"라는 것은 심판을 상징하는 것이죠. 이 말씀은 출애굽기 10장 15절의 반영입니다. 출애굽기에 보면 "수많은 황충이가 땅을 어둡게 만들었다"라는 말씀이 나옵니다. 그 이유는 애굽 사람들이 마음이 굳어졌기 때문입니다. 하나님께서 황충이의 심판을 통해서 그들에게 어두움을 주는 것이었죠.

뿐만 아니라 계시록의 말씀은 출애굽기에서 착안할 수도 있고, 요엘서의 심판의 주제이기도 합니다. 구약의 요엘에서도 풀무의 연기가 나오는데, 풀무의 연기는 항상 심판과 연결되어 나옵니다. 그러므로 2절에서 무저갱을 열고 연기가 올라왔다고 하는 것은 땅의 모든 영역에 심판이 쏟아지게는 되는 것을 알려주는 것이죠.

진행자 정말 스산한 분위기의 연출이 시작되는 것 같습니다.

박윤성 목사 그렇죠. 심판이 쏟아지게 되는 것을 우리에게 경고해주는 것이죠.

> "또 황충이 연기 가운데로부터 땅 위에 나오매 그들이 땅에 있는 전갈의 권세와 같은 권세를 받았더라"(9:3).

박윤성 목사 이제 황충이가 올라오게 됩니다. 무저갱으로부터 올라오는데, "권세를 받았다"라는 단어가 중요합니다. 전갈의 권세와 같은 권세를 받았습니다. 이 권세를 받았다는 것은 자기가 권세를 갖고 있는 것이 아니죠. 누구로부터 권세를 받았다는 것입니다. 누굴까요? 하나님으로부터 이 권세를 받게 됩니다.

진행자 그런데 황충이가 나쁜 존재이지 않습니까?

박윤성 목사 그렇죠. 하나님께서는 경고의 재앙과 더불어 실제적인 재앙을 주시는데, 황충이에게 권세를 주셔서 심판하는 모습을 보여줍니다. 하나님은 심판의 주인이시며 권세도 붙잡고 계신 분이라는 것을 증명하는 말씀이라고 볼 수 있겠습니다.

> "그들에게 이르시되 땅의 풀이나 푸른 것이나 각종 수목은 해하지 말고 오직 이마에 하나님의 인침을 받지 아니한 사람들만 해하라 하시더라"(9:4).

진행자 네, "인침을 받지 아니한 사람들만 해하라"고 말씀하시는데요. 인 치심이 무엇이고, 인 치심이 없으면 왜 해를 당하는지 설명을 해

주시면 더 명확할 것 같아요.

박윤성 목사 황충이들이 심판의 권한을 받게 되는데, "이마에 인침을 받지 않은 자들만 심판하라"고 말씀하시죠. 인이라는 것은 도장이잖아요. 우리가 예수 그리스도를 믿을 때 성령의 인 치심을 받았습니다. 이것은 보증을 말하는 것입니다. 눈에 보이는 도장이 아니라 성령께서 보증해주심을 인 치심이라는 그림언어로 보여주시는 것입니다. 예수를 믿음으로 성령께서 "너는 내꺼다!"라고 보증해주시는 것이지요. 보증금은 계약할 때 보증금을 내지 않습니까? 그 보증금은 이 계약이 합법적임을 인정해주는 것입니다. 우리의 구원이 합법적이며, 우리의 구원이 확실하다는 것을 성령님께서 보증해주시는 것입니다.

진행자 보이지 않아도 주님께서 인정해주시는 것만으로도 인 치심이 될 것이라고 저는 이해할 수 있겠습니다.

박윤성 목사 성령님의 인 치심이죠.

진행자 맞습니다. 누가 해주는 것이 아니라, 마크가 아니라.

박윤성 목사 구원의 확신이죠. 여기서 징계를 받는 자들, 심판을 받는 자들이 누군가 하면, 인이 없는 자들입니다. 그러니까 무시무시한 심판 속에 성령의 인 치심을 받은 믿음의 성도들은 보호받는다는 것을 여기서 알 수 있습니다.

"그러나 그들을 죽이지는 못하게 하시고 다섯 달 동안 괴롭게만 하게 하시는데 그 괴롭게 함은 전갈이 사람을 쏠 때에 괴롭게 함과 같더라"(9:5).

박윤성 목사 황충이가 받은 명령인데 이 명령은 이중적인 한계가 있습니다. 첫 번째 한계는 누구나 죽일 수 없어요. 인 치신 자들은 못 죽입니다. 두 번째 한계는 제한된 기간 동안에만 사람을 괴롭게 하는 것입니다.

진행자 "다섯 달 동안"이라고 제한이 되어있네요.

박윤성 목사 "다섯 달 동안"은 황충이의 라이프 사이클입니다. 황충이가 사는 기간이 다섯 달 정도 됩니다. 또 이 다섯 달은 건조기입니다. 황충이는 인 치심을 받지 못한 사람들을 공격하되 끊임없이 다섯 달 동안 공격하는 것을 보게 됩니다. 그런데 이 공격은 어떤 공격이냐? 영적이고 심리적인 공격입니다. 눈에 보이는 황충이를 예를 들어서 여기서 보여주고 있지만, 믿지 않고 아직도 거부하고 있는 불신자들이 괴로움을 당하게 되는 것이죠. 왜 괴롭게 할까요? 돌아오라는 것이죠. 하나님의 복음 안으로 돌아오게 하기 위해서 지속적으로 괴로움을 당하게 하는 것입니다.

그래서 이런 괴로움 때문에 6절의 말씀을 봐야 되는데요. 6절을 읽어보겠습니다.

"그 날에는 사람들이 죽기를 구하여도 죽지 못하고 죽고 싶으나 죽음이 그들을 피하리로다"(9:6).

진행자 너무 괴로울 것 같아요.

박윤성 목사 괴로움을 당하니까, 너무 괴로우니까 이 사람들이 죽기를 구합니다. 죽고 싶은 것입니다.

진행자 피하고 싶죠.

박윤성 목사 너무 괴로우니까. 그러나 마음대로 죽을 수가 없습니다. 그 것이 바로 6절이 우리에게 보여주는 것이지요. 이제 7절에서 11절까 지 좀 긴 부분인데요. 여기서 아주 중요한 황충이 재앙의 핵심 부분 이 나오게 됩니다.

"황충들의 모양은 전쟁을 위하여 준비한 말들 같고 그 머리에 금 같은 관 비슷한 것을 썼으며 그 얼굴은 사람의 얼굴 같고 또 여자의 머리털 같은 머리털이 있고 그 이빨은 사자의 이빨 같으며 또 철 호심경 같은 호심경이 있고 그 날개들의 소리는 병거와 많은 말들이 전쟁터로 달려 들어가는 소리 같으며 또 전갈과 같은 꼬리와 쏘는 살이 있어 그 꼬리에는 다섯 달 동안 사람들을 해하는 권세가 있더라 그들에게 왕이 있으니 무저갱의 사자라 히브리어로는 그 이름이 아바돈이요 헬라어로는 그 이름이 아볼루온이더라"(9:7-11).

진행자 황충이가 정말 무섭게 생긴 것 같습니다. 소리 또한 정말 괴기한 상황인 것 같은데, 이 황충이에 대한 설명을 우리가 어떻게 이해하면 좋을까요?

박윤성 목사 심판과 징계의 상징적 존재로 황충이가 나왔다고 말씀드렸잖아요. 그래서 황충이의 묘사를 문자 그대로 보면 안 됩니다. 그것이 의미하는 바가 무엇이냐, 어떤 그림을 우리에게 보여주시느냐, 이렇게 봐야 합니다. 마치 피카소가 그린 그림처럼 언어적 그림입니다. 이 말씀은 요엘서 1장 6절과 2장 4절 말씀에서 가져온 것입니다. 뿐만 아니라 잠언 30장에 보면 메뚜기들은 왕이 없다고 말씀하고 있는데, 오늘 본문에 보면 황충이에게는 임금이 있어요. "그들에게 왕이 있으니 무저갱의 사자라, 히브리어로는 그 이름이 아바돈이요, 헬라어로는 그 이름이 아볼루온"이라고 합니다.

"아바돈"은 '파괴'라는 히브리 말입니다. 그리고 아바돈은 지혜문학, 구약의 지혜문학에 나오는데 '스올', '지옥'과 같은 동의어로 나오게 됩니다. 아바돈이라는 말은 '파괴', '지옥', '스올'이라고 볼 수 있습니다. 뿐만 아니라 헬라어로 아바돈을 번역한 것이 "아볼루온"입니다. 아볼루온은 '파괴하다'라는 동사에 가깝습니다. 이 아볼루온에서 아폴로 신이라는 단어가 나옵니다. 그리스 신화에 나오는 아폴로 신이 있는데 아폴로 신을 숭배하는 자들이 메뚜기를 심벌로 삼습니다. 더욱이 로마의 황제 중에 칼리굴라와 네로가 있는데, 이 황제들이 자신이 아폴로 신의 신성을 취했다고 주장했어요. 뿐만 아니라 도미티안 황제는 자기 자신이 아폴로 신의 성육신이라고 주장을 했었습니다.

이런 관점에서 본다면 다섯 번째 나팔 심판은 참 아이러니컬합니다. 여기 아바돈, 아볼루온 이야기가 무엇이냐면, 바로 음부의 파괴적인 주인이 그때 당시로는 로마 황제였던 것이죠. 로마 황제들이 아볼루온의 신성을 가졌다 하면서 신적인 자리에 올라간 것입니다. 그래서 그리스도인들을 핍박하고 박해하는 황제들이 심판받을 대상임을 보여주는 것입니다. 1세기 당시에는 그리스도인들과 하나님 나라를 대항했던 것이 로마 황제였습니다. 지금 이 시대에는 하나님의 나라를 대항하는 악의 세력들, 음부의 세력들이 재앙의 대상이 됩니다.

"여섯째 천사가 나팔을 불매 내가 들으니 하나님 앞 금 제단 네 뿔에서 한 음성이 나서"(9:13).

여섯 번째 나팔이 불리게 되는데 하나님의 앞에 금단 네 뿔에서 음성이 들리게 됩니다. 하늘의 금단, 이것은 이 땅에서 성막의 거룩한 금단, 제단과 대응하는 것입니다. 이것은 실제를 보여줍니다. 하늘에 있는 단이 실제입니다. 여기 하늘에 있는 단에서 음성이 들리게 되는데 이것은 제단에 드려진 성도들의 기도에 대한 응답입니다.

진행자 금향로를 가지고 올라갔던 기도인가 봐요.

박윤성 목사 향연이 올라갔었죠. 순교자들, 교회의 기도를 하나님이 들으셔서 하늘의 제단에서 음성이 나오게 됩니다. 하나님의 심판이 가져오는 힘을 여기서 보여주게 되는 것이지요. 그래서 여기 들려오는 음성은 하나님의 음성으로써 기도에 응답하심을 보게 됩니다.

"나팔 가진 여섯째 천사에게 말하기를 큰 강 유브라데에 결박한 네 천사를 놓아 주라 하매"(9:14).

박윤성 목사 하나님의 음성이 들려져서 네 천사를 놓아주게 됩니다.

진행자 천사도 결박당하고 있었네요.

박윤성 목사 그렇습니다. 이 부분들이 좀 어렵습니다. 그런데 하나도 안 어렵습니다. 천사들이 큰 강 유브라데에 결박되어 있었습니다. 하나님께서 죄악 된 이스라엘을 심판하기 위하여 유프라테스 강 건너편에서 군대를 일으키실 것을 구약에 예언하셨어요. 이사야, 예레미야, 에스겔, 요엘서에 보면 유프라데스강 건너편에서 군대를 일으키리라고 예언하셨습니다. 특별히 예레미야 46장에 보면 북쪽으로부터 말 탄 군대들이 셀 수 없을 정도로 내려오게 됩니다. 메뚜기 떼처럼 내려오게 될 것을 이야기합니다. 그들이 유프라테스 강 주변에 있었습니다.

이 예언이 어떻게 이루어지게 되냐면, 1세기 당시 때 유프라테스 강 건너편에 파르티안 군대가 있었어요. 파르티안 군대는 말을 탄 군대였는데, 유일무이하게 로마를 기습해서 로마를 어렵게 만들었던 군대가 파르티안 군대입니다. 그 구약의 예언된 말씀과 같이, 네 천사를 놓아서 많은 군대를 일으키리라는 말씀과 같이 로마를 하나님이 치시는 장면입니다. 이제 군대가 일어나서 징계를 하게 되는데 아주 무서운 징계가 나타나게 됩니다.

"네 천사가 놓였으니 그들은 그 년 월 일 시에 이르러 사람 삼 분의 일을 죽이기로 준비된 자들이더라 마병대의 수는 이만 만이니 내가 그들의 수를 들었노라 이같은 환상 가운데 그 말들과 그 위에 탄 자들을 보니 불빛과 자줏빛과 유황빛 호심경이 있고 또 말들의 머리는 사자 머리 같고 그 입에서는 불과 연기와 유황이 나오더라 이 세 재앙 곧 자기들의 입에서 나오는 불과 연기와 유황으로 말미암아 사람 삼 분의 일이 죽임을 당하니라 이 말들의 힘은 입과 꼬리에 있으니 꼬리는 뱀 같고 또 꼬리에 머리가 있어 이것으로 해하더라"(9:15-19).

진행자 목사님, 황충이에 이어서 이 말들도 외모가 좀 심오한 것 같습니다.

박윤성 목사 네. 무시무시하죠. 이 말씀이 우리에게 주시는 중요한 교훈, 이미지를 우리가 잘 발견해야 합니다. 풀려난 네 천사들에 의해서 수많은 마병대가 등장하게 됩니다. 이 군대의 목적은 사람의 1/3을 죽이는 데 있습니다.

진행자 여기도 1/3이 나와요. 대다수를 의미하는 걸까요?

박윤성 목사 그렇죠? 인봉 심판에서는 1/4이었어요. 나팔 재앙에서는 1/3입니다. 점점 많아지는 것입니다. 하나님의 징계, 또 경고가 점점 강해집니다. 회개하게 하기 위해서죠. 그런데 아직까지 회개를 안 합니다. 나중에 대접 심판에, 최종적 심판에 가야만 회개를 하게 되는데, 점점 징계의 강도가 강해지는 것을 보게 됩니다. 그래서 사람의 1/3이 죽게 됩니다.

여기 군대 숫자가 나오죠. 군대 숫자가 이만만, 즉 2억입니다. 2에 만을 곱하면 2억입니다. 그런데 왜 만을 썼냐 하면, 히브리어에서 가장 많은 숫자가 만입니다. 그래서 산술적으로 계산하면 2억이지만, 이 뜻은 엄청 많은 숫자의 군대를 말하는 것이죠. 이 군대는 무저갱으로부터 올라오는 군대입니다. 여기 이 군대는 좀 특이한데 말을 탄 자보다 말들이 더 중요하게 보입니다. 좀 이상한 군대죠.

우리나라 성경과 RSV라는 영어 성경에서는 이렇게 번역합니다. "그 말들과 그 탄 자들을 보니 흉갑이 있고"라고. 말을 탄 자들도 중요하지만, 그 말들에 초점이 더 많이 있어요. 그래서 말들도 방패 같은 흉갑을 입고 있는 것이죠. 유프라테스강 건너편에서 오는 군대를 파르티안 군대라고 했는데, 1세기 당시 파르티안 군대가 말을 탔고, 말들 앞에도 방패를 세웠습니다. 그러니까 이 그림은 1세기에는 로마를 징계하고 심판하는 파르티안 기병대를 말하는 것입니다. 또한, 현재로서는 하나님을 대항하는 악한 세력들이라고 할 수 있습니다. 하나님의 심판이 이렇게 무섭다는 것을 보여주는 말씀이 됩니다. 그래서 이 재앙으로 말미암아서 사람의 1/3이 죽게 됩니다. 엄청난 징계의 모습이 드러나게 되는 것이죠.

"이 재앙에 죽지 않고 남은 사람들은 손으로 행한 일을 회개하지 아니하고 오히려 여러 귀신과 또는 보거나 듣거나 다니거나 하지 못하는 금, 은, 동과 목석의 우상에게 절하고 또 그 살인과 복술과 음행과 도둑질을 회개하지 아니하더라"(9:20,21).

진행자 목사님, 정말 갈수록 처참한 상황이 나오고, 모든 것이 어려워집니다.

박윤성 목사 네. 이렇게 무시무시한 재앙이 발생하는데도 인침 받지 못한 자들은 회개하지 않습니다. 그리고 오히려 20절에 보니까 오히려 귀신과 우상과 목석에게 절하게 됩니다.

진행자 우상숭배까지.

박윤성 목사 네. 회개하지 않는 것이죠. 하나님께서 심판과 징계를 내리심으로 이 사람들이 지옥의 맛을 보고 있습니다. 그런데 회개하지 않습니다. 하나님께로 돌아오지 않는 이들의 모습을 여기서 20절과 21절에 보여주고 있는 것입니다. 여기서 아주 중요한 교훈을 배울 수 있습니다. 사람들이 회개하기를 하나님이 기다리고 계시는데 사람들은 회개하지 않는다는 것입니다. 나팔 재앙에서 점점 강도가 강해지고 있고, 하나님의 경고가 강해짐에도 불구하고 이들이 회개하지 않는 것입니다. 그래서 이제 대접 심판이 필요해요.

이 나팔 재앙을 정리해 보면 이런 것입니다. 여러 가지 많은 재앙이 쏟아지고, 경고가 쏟아지는데도 불구하고 회개하지 않습니다. 그러나 하나님께서는 이들을 기다리고 계신다는 것입니다. 회개하고 돌아오기를 참으시고, 기다리십니다. 집 나간 아들을 기다리시는 아버지와 같이 인내하시면서 기다리시는 하나님 아버지를 우리는 여기서 만나게 됩니다.

진행자 세상이 거의 멸망해 가도 사람들은 여전히 하나님께 돌아오기를 거부하며 악한 행위를 하죠. 저는 이 말씀들을 읽으면서 '사람들이 알면서도 어떻게 이럴 수 있을까?'라고 생각했는데, 그것이 우리의 모습은 아닐까 싶었어요. 목사님, 오늘 이런 심판들, 상황들을 오늘 우리 삶에 어떻게 적용하면 좋을까요?

박윤성 목사 네. 우리의 완고하고 굳어진 마음을 빨리 풀어야 합니다. 물론 이 재앙은 믿지 않은 자들에게 쏟아지는 재앙이지만, 우리의 마음도 살펴보아야 합니다. 우리 마음이 굳어져서 말씀을 들어도 순종하지 않을 때가 있습니다. 완고해져 버린 우리의 모습을 회개해야 합니다. 하나님이 참고 기다리신다는 것을 깨닫고 빨리 돌이키고, 마음이 부드럽게 바뀌기를 우리가 소망해야 하겠습니다.

함께 이야기하기

1 성령의 인 치심을 받은 것이란 무엇입니까?

2 성령의 인 치심을 받은 사람에게 주시는 특권은 무엇인가요?

3 성령의 인 치심을 받은 성도는 어떤 태도와 자세로 세상을 살아가야
  하겠습니까?

참고문헌

국문서적

권성수. 요한계시록. 서울: 도서출판 횃불, 1999.

김서택. 요한계시록. Vol. 3. 서울: 성서유니온, 1998.

김세윤. Fuller Seminary D.Min 강의 노트. Pasadena: Fuller Seminary
      Press, 1999.

이상찬. 아시아 일곱 교회. 대구: 도서출판 두레마을, 1989.

이필찬. 요한계시록 어떻게 읽을 것인가. 서울: 한국성서유니온 선교회,
      2000.

번역서적

Barclay, William. 계시록. 서울: 기독교문사, 1985.

Forster, Richard. 기도. 서울: 두란노, 1996.

Hendrickson, William. 요한계시록. 서울: 아가페출판사, 1983.

Keener, Craig S. 성서배경주석(The Bible Background Commentary).
      정옥배 역. 서울: IVP, 1998.

Lenski, Richard C. 요한계시록. 배영철 역. 서울: 백합출판사, 1981.

Our Daily Bread. 2000년 6,7,8월호.

영문서적

Aune, David. Revelation. W.B.C. Vol. 52a. Dallas: Word Books, 1997.

Bauckham, Richard. The Theology of the Book of Revelation. Cambridge: Cambridge University Press, 1998.

_____. The Climax of Prophecy. Scotland: T&T Clark, 1993.

Beale, G. K. The Book of Revelation. Grand Rapids: Eerdmans Publishing Company, 1999.

Beasley-Murray, G. R. "Book of Revelation." In Dictionary of the Later New Testament & Its Developments. Downers Grove: IVP, 1997.

Caird, G. B. The Revelation of Saint John. London: Hendrickson Publishers Inc., 1999.

Carson, D. A. and Douglas J. Moo. and Leon Morris. An Introduction to the New Testament. Grand Rapids: Zondervan Publishing House, 1992.

Charles, R. H. The Revelation of St. John. Edinburgh: T&T Clark, 1994.

_____. A Critical and Exegetical Commentary on the Revealtion of St. John I. Edinburgh: Clark, 1920.

Ford, J. M. Revelation. Garden City: Doubleday, 1975.

Gregg, Steve. Revelation Four Views A Parallel Commentary. Nashville: Thomas Nelson Publishers, 1997.

Hughes, Philip E. The Book of the Revelation. Grand Rapids: Eerdmans Publishing Company, 1990.

Kim, Seyoon. "The 'Son of Man'" as the Son of God.

Ladd, G. E. A Commentary on the Revelation of John. Grand Rapids: Eerdmans, 1972.

Morris, L. The Revelation of St. John. Grand Rapids: Eerdmans, 1987.

Mounce, Robert. The Book of Revelation. Grand Rapids: Eerdmans, 1977.

Ramsay, W. M. The Letters to the Seven Churches of Asia and Their Place in the Plan of the Apocalypse. London: Hodder and Stooghton, 1904.

Smalley, S. S. 1,2,3 John. Dallas: Word, 1984.

Swete, H. B. The Apocalypse of St. John. Grand Rapids: Eerdmans, 1951.

Thomas, R. L. Revelation 1-7. An Exegetical Commentary. Chicago: Moody, 1992.

Walvoord, J. W. The Revelation of Jesus Christ. Chicago: Moody, 1966.

Wilcock, Michael. The Message of Revelation. Downer Grove: IVP, 1975.